300 palabras

300 palabras

ISRA BRAVO

alienta
EDITORIAL

Alienta es un sello editorial de Centro de Libros PAPF, SLU.
Av. Diagonal, 662-664
08034 Barcelona
www.planetadelibros.com

Primera edición: febrero de 2025
Segunda edición: marzo de 2025
Tercera edición: marzo de 2025
Depósito legal: B. 1.092-2025
ISBN: 978-84-1344-386-7
Composición: Realización Planeta
Impresión y encuadernación: Egedsa
Printed in Spain - Impreso en España

El papel de este libro procede de bosques gestionados de forma **sostenible** y de fuentes **controladas**.

PEFC Certificado
Este libro procede de bosques gestionados de forma sostenible
PEFC
PEFC/14-38-00305
www.pefc.es

Sumario

Regalos no solicitados que irás recibiendo
por comprar este libro.
www.israbravo.com/300palabras

Gran día.
Isra Bravo

300 palabras

Te confesaré algo. Si hubiera dependido exclusivamente de mí, este libro tendría 300 palabras. Serían un montón de páginas en blanco con, tan sólo, 300 palabras.

Serían éstas:

«Cuando era adolescente, no soñaba con ninguna actriz, con ninguna cantante o modelo. No tenía posters de nadie. Para mí, todo eso era mentira.

Yo soñaba con Olga, la hija de la mujer que limpiaba el colegio.

O con Marina, que siempre llevaba calcetines con animales de colores.

También soñaba con Arancha, la chica más alta de la clase, con su melena rubia siempre a juego con la luz del sol.

¿Y qué me dices de Gloria? Vaya tetas tenía. Aunque debo confesar que no las habría cambiado por su sonrisa.

Soñaba con esas chicas. Ninguna modelo, ni actriz, ni cantante famosa, ninguna presentadora de TV, se podía comparar con ninguna de ellas.

Ellas eran reales. Lo demás era mentira.

De la misma forma que ningún profesor de empresa, marketing o publicidad de universidad, enseñándote diapositivas de hace veinte años, es real.

Es todo mentira.
Son sólo teóricos.
Es humo.

Gente sin resultados reales.
¿Qué te puede enseñar de ventas, de marketing, de copywriting un tipo que gana 1.800 euros al mes?
Nada.

Son el póster en tu habitación. La ficción.
La realidad está en la calle.
La tienes delante.

¿Quién te va a enseñar más de negocios, el profesor de universidad enterrado entre libros que repite lo mismo cada curso sin probar nada para él? ¿El periodista que escribe sobre empresa? ¿O el empresario que monta negocios?

¿En quién crees que te deberías fijar?
¿Quién es la ficción y quién la realidad?

¿Realmente seguirías consejos de inversión de alguien que nunca llega a fin de mes?

Es absurdo.

Si quieres aprender de ajedrez, mira a un ajedrecista. No a un trapecista.

Si quieres aprender de cocina, mira a un cocinero. No a un crítico.

Y si quieres aprender a ganar dinero escribiendo 300 palabras, mírame a mí.

Aquí:

www.motivante.com»

Ése habría sido todo mi libro. 300 palabras. Habría llevado a la gente a mi web para que se suscribieran y les pudiera mandar mi email diario como el que llevo escribiendo desde el año 17, sin fallar un solo día.

Estoy seguro de que, si ese hubiera sido el libro, se habría llenado de críticas muy muy negativas en Amazon, cosa que me habría divertido mucho, la verdad. En todo caso, el libro no podrán ser sólo esas 300 palabras, porque en mi editorial no saben de copywriting y quieren que escriba algunas pocas más. Bien. Son sus costumbres y hay que respetarlas. Y ya que nos ponemos, lo hacemos.

Necesitas textos de apenas alrededor de 300 palabras para cambiarlo todo.

Todo.

Ahí va.

Introducción

Con la rabia y la desesperación de un perro hambriento

Eran sobre las 17:00 horas. Estaba diluviando. Aquélla no tenía nada que ver con la lluvia fina a la que estaba acostumbrado. En Bogotá, al menos ese día, llovía con la rabia y la desesperación de un perro hambriento. En tromba, sin miramientos. En el aeropuerto me esperaba un tipo muy bajito, con un cartel que decía «Isra Bravo». Lo saludé y me invitó a seguirle al coche. El trayecto hasta el hotel en la mejor zona de la ciudad duró tres horas. Días después me enteré de que en Bogotá todo está a tres horas. El tráfico es un caos, la lluvia es habitual y torrencial, así que «todo está a tres horas en Bogotá».

En el tiempo de trayecto, tuve tiempo de pensarlo todo. Era la primera vez que viajaba a América. Y lo había hecho en clase *business*. Los aeropuertos suelen ser lugares bastante odiosos, con mucho ruido, colas y esperas. Sin embargo, cuando tienes un billete en *business*, la cosa cambia. Esperas en una sala con sillones grandes, cómodos, abundante comida, cristaleras donde ver pasar la luz, suelo enmoquetado, duchas, baños limpios, salas de descanso y pantallas que te van indicando cuándo embarcas en preferente. En esas salas se puede leer, trabajar o mirar gente. Cada uno la afición que tenga. Esas salas son como la habitación del pánico. Fuera la gente grita, corre, se pelea por una mesa que siempre tiene encima las cosas del que estuvo antes, vasos de plástico y platos de plástico y alma de plástico. Todos tenemos alma de plástico cuando hacemos cola por comer cosas que vienen en un plástico. La cola es de plástico. Todo es plástico en esa realidad. Sin embargo, cuando entras en la sala VIP, es como si viajaras a una película elegante de los años cincuenta, a una pradera donde ves a lo lejos a un tipo con un caballo. Le miras, pero no le molestas, ni te molesta. Hay silencio y paz. Jamás había pisado una sala de ésas, pero había tanta comida y pasaba tanta gente distinta a la que mirar que pensé en que estaría bien vivir ahí. Y que aquellos desconocidos fueran mi familia, mis amantes, mis amigos, mis traidores... Eran un gran decorado, mejor que la mayoría. Un lugar donde si te dicen que el vuelo se retrasa una hora o dos, te parece una gran noticia, es un gran lugar.

Y luego el avión en *business* es tan cómodo y tienes tantas atenciones que no quieres llegar. Esa sensación me hacía sentir muy inocente, me hacía sentir muy bien. Me imaginaba a un montón de millonarios que habían hecho eso quinientas veces igual de estresados que viajando en metro un lunes a las siete de la mañana. Sin embargo, yo, siempre al filo del fin de mes casi toda mi vida y de repente ahí, lo disfrutaba de una manera eterna. Cómo olvidar que una mujer guapa y uniformada te pregunte nada más entrar en el avión: «¿Un poco de champán, señor?». Habría que ser un animal para olvidar esa cara, esa frase, ese momento. Habría que ser muy bestia para no sentir un profundo agradecimiento a la vida. Vas a volar a América y una mujer bonita te ofrece champán para despegar. ¿Cómo no sonreír? ¿Cómo no soñar? ¿Cómo no volar?

Y allí estaba, en aquel coche con aquel chófer en Bogotá, viendo caer aquella lluvia salvaje, pasando charcos más profundos que bañeras, con motoristas que se colaban por huecos donde sólo cabría una nota de amor plegada que no quieres que nadie descubra, con paradas de autobús derrotadas por la gente, con casas bajas que nunca soñaron con ser elegantes, muros con pintadas, puestos de comida, millones de personas anónimas con chubasqueros y la cabeza gacha, de rostros duros, entre coches, agua y luces. Esa ciudad me pareció tan agónica, que me enamoré de ella. En aquel coche. Apenas había respirado su aire y lo tenía claro, aquí volveré.

Allí estaba gracias a mi primer libro.

A los pocos meses de publicar *Escribo porque me gusta ganar dinero*, me invitaron a un encuentro en Mallorca llamado Talentya. Había un montón de gente importante y luego yo, bebiendo cerveza. Mirando. Era en una especie de palacio medieval en medio de la ciudad. Allí regalaron mi libro a los invitados y hubo una persona lo suficientemente loca no sólo para cogerlo (ya que dejaron los ejemplares sobre una mesa como si fueran empanadas o guacamole), sino para leerlo. Esa persona era Manuel Peña, un capo de Universal Music en la zona de Latam. El tío vino a hablar conmigo, me felicitó por mi trabajo y me cayó muy bien. No pasó nada más.

Pasados unos meses me escribió. Resulta que estaba en una de mis antiguas membresías y me había comprado todo lo que tenía a la venta. Me dijo de ir a Bogotá a enseñar copywriting a artistas importantes del sello y a la gente de marketing de la compañía. Yo le daba largas, Manuel me caía muy bien, pero nunca me gustó viajar y bueno, no necesitaba el dinero. Me ofreció 10.000 euros y siguió sin interesarme, no era un tema de dinero. Pero uno de sus emails, de apenas 300 palabras, me convenció. No me habló del dinero (estábamos a finales de 2022 y el dinero ya no era el motivo), me habló de la experiencia. De vivir cosas que el dinero no podría comprar. Y aquello me gustó. Así que además de los 10.000 euros por un curso de dos horas, de los billetes en *business* y del alojamiento en el hotel más lujoso, Manuel me organizó seis días memorables en Bogotá. Y todo había sido gracias a que unos años antes, en el año 2017, empecé a escribir unas 300 palabras diarias que, como la lluvia de Bogotá, eran rabiosas y desesperadas como un perro hambriento. Escribía a golpe de auxilio. Para que algo o alguien me sacara del agujero. No eran 300 palabras de marketing, no eran 300 palabras buscando ser famoso o hacerme rico. Eran 300 palabras para salvarme a mí, al hombre que era en ese momento. Eran 300 palabras para condensar una vida y darle un nuevo sentido. Eran 300 palabras de amor y odio. Cada una de ellas. Y lo eran y lo serán, cada día, hasta el último día. Eso es lo único que tengo que hacer en esta vida. 300 palabras. Cada día. Gracias a ellas todo cobró sentido y todo el dolor vino a acariciarme y lamerme. Y gracias a ellas puedo lograr lo que quiera. Puedo proyectar lo que quiera, si puedo escribir mis 300 palabras, podré lograrlo. Nada podrá impedirlo.

Pero también gracias a ellas entendí algo que nos enseñaron los perros de Pávlov. Y sólo entendiendo eso se puede aspirar a todo.

Pávlov hizo un descubrimiento que llamó *reflejo condicionado*. Es posible que lo conozcas, que hayas escuchado hablar de esto mil veces, pero no te fíes, que te voy a contar una parte que se conoce menos y que es vital para entenderlo todo. En la parte del experimento que todo el mundo conoce, Pávlov hacía sonar una campana antes de dar de comer a los perros. Entonces, cuando la campana sonaba, los perros empezaban a salivar. Había comida esperando. Lo hizo durante un tiempo, ya sabes, la fuerza de la repetición. Un día hizo sonar la campana y aunque no les dio comida, los perros salivaron igual. Y esto es lo que llamó *reflejo condicionado.*

Bien.

Esta historia la repite mucha gente. En el mundo del marketing, la repiten y la repiten, pero tengo la sensación de que no la acaban de entender. Viendo luego sus estrategias, diría que no la acaban de entender en absoluto. Se parecen más a los perros que a Pávlov.

Para poder entender bien lo que es el reflejo condicionado, pensemos en los haters. Yo mando un email cada día a las 15.27 horas desde el año 2017. Miles de personas en España y en muchos otros lugares del mundo se han inspirado en esta idea. No porque yo la haya inventado, obviamente, sino porque la hago importante y rentable. Soy el primero capaz de hacerlo. El primero en hacerme millonario escribiendo 300 palabras en español. Eso trae una legión de fans y de haters, es ley de vida, pues los haters son como los perros de Pávlov. Cada día esperan que suene la campana a las 15.27 horas para lanzarse como perros (caniches, en este caso) a insultarme, desacreditarme, corregirme, etc., etc. Es una muestra maravillosa del reflejo condicionado. Escuchan la campana a las 15.27 y salivan.

Y si no les llegara el email, salivarían igual.

Los perros son así. Los haters son así. Caniches a las 15.27.

Y esto me lleva a pensar en la segunda parte del experimento, esa que menos gente conoce.

Pávlov «se la quiso sacar» delante de muchos colegas científicos y les invitó a que vieran su experimento. Así que allí estaban Pávlov, los perros, la campana y unos cuantos científicos a los que quería impresionar. Pávlov toca la campana. Todo el mundo expectante...

Pero no pasó nada.

Y la tocó y tocó y los perros no babeaban ni hacían nada. Sonido de grillos en la sala. Murmullos entre el resto de los científicos y Pávlov avergonzado. No era capaz de entender qué pasaba. Por qué no reaccionaban como siempre a la campana.

Entonces, como Pávlov era ruso, pues me imagino que una noche se bebió dos botellas de vodka y lo entendió todo. Le sonó su propia campana. Que hubiera gente en la sala (en este caso sus colegas científicos) condicionaba el comportamiento de los perros. El ambiente era otro. Se ponían en alerta: «¿Qué coño pasa aquí?». Si pienso en ello e imagino que voy a follar, contigo o con quien quieras, imagino que estamos solos, no será lo mismo que si hay gente mirando. Es obvio. Pues a los perros les pasa igual. Los perros se ponían en alerta y el sonido de la campana les daba igual. Ni babeaban.

Y esto es vital para entender el poder de la repetición. Ese poder es el más persuasivo de la historia de la humanidad. No hay nada más persuasivo, no hay que darle más vueltas. Cien emails mediocres mandados cada día a una lista de suscriptores, ganan al mejor email del mundo mandado una sola vez.

Para que los perros asociaran el sonido de la campana con comida, Pávlov necesitó un buen tiempo. No fue el primer día. Cuando tocó la campana por primera vez, no pasó nada. No significó nada para ninguno de esos perros. Para que los perros empezaran a salivar tuvieron que asociar una cosa con la otra. Por eso tus 300 palabras funcionarán mucho mejor si son diarias. Si logras la familiaridad del ambiente. Esto es clave en la estrategia. ¿Cuántas veces vemos un anuncio en redes sociales dirigido a público que lo ve por primera vez y les mandan directamente a una página de ventas? Eso suele ser un error, porque la gente no está familiarizada con el entorno. Es como si le tocaran la campana por primera vez. Vale, puede funcionar en alguna ocasión, sobre todo con productos de compra muy impulsiva y de precios bajos, pero nunca, jamás, será comparable con la fuerza de la repetición. Es importante entender que por buena que sea tu carta, tu email, nada podrá desplazar la enorme fuerza del poder de la repetición. Y como a los perros de Pávlov cuando los sacas de su entorno y los pones en guardia, si tu lector está en guardia porque no te conoce, el resultado nunca será tan bueno como si el entorno le resulta familiar. Esto es así de simple. Y hay que jugar con esa baza. Por supuesto, hay formas muy buenas (voy a escribir sobre ello en este viaje) de hacer que saliven cuando han escuchado la campana por primera vez. Pero nada ni nadie puede frenar ni superar la fuerza de la repetición.

Y yo, metido en aquel coche, no paraba de repetirme lo afortunado que era de viajar a América, de ser tratado como una estrella, de ganar en dos horas de trabajo (que ya me habían pagado por adelantado) delante de artistas de Universal más que en diez meses descargando camiones. Y pensaba en esa sala de espera y en esa azafata: «¿Un poco de champán, señor?». Y en el chófer y en la ciudad que llovía con la rabia y la desesperación de un perro hambriento. Miraba por la ventanilla y jugaba a carreras de gotas. ¿Qué gota llegará antes al filo de la puerta? Me fijaba en dos gotas que estaban arriba y lo volvía a pensar, volvía la apuesta, volvía el juego, ¿qué gota llegará antes al filo de la puerta?

Y después de tres horas, yo llegué al filo de la puerta, llegué al hotel. ¿Empezaba mi viaje? No, mi viaje empezó cuando en el colegio me dijeron que no escribiera nunca, que nadie me entendía. Éste era sólo uno de los muchos premios que vendrían después. Pero el rechazo y el desprecio fueron los mejores.

1

Meado y secado al sol me dijeron que triunfaría en la vida

Mira.

Lo más importante de todo, en un email, es que la gente lo abra. Quiero decir, si no lo abren, nada de lo que hayas escrito servirá de nada. Por tanto, el primer paso que nos debe obsesionar, sí, obsesionar, es que la gente abra tu email. Y para ello debemos entender la importancia de la fijación de la atención. Es algo que viví en muchos sitios, muchas veces, pero creo que lo aprendí profundamente en mi primer viaje a Ámsterdam. Estuve allí varias veces. Iba todos los años. Daba igual el trabajo que tuviera, siempre conseguía ahorrar lo suficiente para ir a Ámsterdam cuatro o cinco días. Cada año fui con una chica diferente. Con la chica que saliese en ese momento. Bueno, con una de ellas repetí un par de veces. El caso es que cada año ahorraba y pagaba mi viaje y el de la chica. Siempre me ha parecido que pagar un viaje a medias es menos masculino que una peonza. Un hombre se ocupa. Y si no tienes dinero, no sales. Pero nada de ir de gorra o pagar a medias el viaje con tu novia. Tú pagas la cena, tú pagas el viaje, tú pagas, tú te ocupas. Pero bueno, hablamos de Ámsterdam y de fijar la atención. Siempre que iba por allí, bebía mucha cerveza y fumaba algunos porros. La verdad es que no iba a eso, porque eso lo hacía en cualquier lugar en el que estuviese. Beber cervezas y fumar algo de maría. Tampoco mucha, ligeramente moderado. Y en el primer viaje, además de cerveza y porros, me comí unas setas alucinógenas. Eso también lo había probado muchas veces, pero aquellas de aquel primer viaje a Ámsterdam me sentaron especialmente bien. Me fui con mi novia de entonces, con la que llevaba tres semanas más o menos, al barrio rojo de la ciudad. No sé cómo será ahora, pero entonces, alrededor del año 2000, estaba lleno de traficantes que te ofrecían cocaína y heroína, montones de ingleses borrachos, bares y casas con escaparates con prostitutas dentro. Al caer la noche, los neones rojos que identificaban las casas de las prostitutas se reflejaban en los canales. La atmósfera y la cara oscura de la vida allí eran de una belleza extrema. El agua roja, y las putas y los borrachos ingleses y los borrachos del resto del mundo y los traficantes, todos allí, paseando, tratando de encontrar nuestras almas, sin saber ni siquiera que las estábamos buscando. En mi viaje de setas me obsesioné con dos cosas. Con dar vueltas una y otra vez por la misma manzana para ver diferentes decorados del mismo decorado, caminando con gente nueva cada vez. Y sobre todo me obsesioné con la luz roja que había en la puerta de cada escaparate con las chicas dentro. No podía dejar de mirar esas luces. Miraba la luz, y miraba el agua del canal, miraba la luz y el canal, así una y otra vez mientras daba vueltas en círculos sintiendo que ya había vivido demasiado y que, pasara lo que pasara a partir de ese momento, estaría todo bien. Estaba drogado y sólo tenía una preocupación en la vida, dar vueltas siguiendo luces rojas. En eso estaba todo mi deseo, toda mi energía, toda mi atención. No había nada más en el mundo. No había lunes con atascos para ir a la obra, no había finales de mes contando cada euro para pagar el alquiler, no había discusiones con parejas, ni con caseros, no había recibos, ni ruedas pinchadas, ni había colas esperando en la Seguridad Social, ni el vecino de abajo tenía goteras, ni mi salario era demasiado bajo, no había culpables, pasado, ni futuro, sólo había que dar vueltas persiguiendo la luz roja. Eso era lo único que tenía que hacer. Eso era lo único que tenía que hacer en la vida. Todo lo demás, dejó de existir. No había más preocupaciones. Y allí, con la única preocupación vital de caminar en círculo persiguiendo la luz roja, como un insecto al que le han regalado un corazón, me sumergí horas y horas, vueltas y vueltas, luces y luces.

Me desperté vestido y mojado. Me toqué el paquete, me había meado encima. Su puta madre. A mi lado estaba mi novia de entonces, durmiendo. Le toqué la espalda ligeramente, a ella no le había meado encima. Me pareció una gran noticia, no está bien mear a la gente encima sin su permiso, y menos si está durmiendo. Cuando visitaba Ámsterdam no me alojaba en un hotel, alquilaba un pequeño apartamento cerca del centro, con sus escaleras en la puerta frente a un canal. Siempre pensé que de esa forma podría entender mejor a los holandeses, cómo vivían. Luego, a los treinta minutos de estar allí por primera vez, me di cuenta de que no me importan tres cojones los holandeses ni cómo vivían, pero esa casita me gustaba. Y la alquilaba cada año, desde aquel primer año. Me senté en las escaleras para secarme al sol. Cerré los ojos, escuché a los pajaritos cantando en holandés, a la gente paseando por la puerta y el timbre de las bicicletas. A los holandeses les gusta mucho andar en bicicleta. Incluso se cabrean si andas por los sitios que tienen habilitados para ir con sus bicicletas. Y la ciudad está llena de esos sitios. Son los amos de la ciudad. Era como mi barrio, pero en vez de pasear entre yonquis, la gente pasea entre bicicletas. A mí todo eso me parece un coñazo, pero son sus costumbres y hay que respetarlas. Y aquel sol generoso me estaba dando de pleno en aquellas escaleras, pero era un sol suave, amable, no abusaba de mi piel blanca, sólo me acariciaba y me hacía sentir como en casa. No era tan perfecto como el día anterior, ahora sí me tenía que preocupar de cosas, me había meado encima, tendría que dar la vuelta al colchón o algo. La noche anterior habría seguido dando vueltas persiguiendo un único sueño de luz roja, pero ahora era un hombre cuerdo y sentado y responsable que debía secarse al sol. Si me hubiera pasado la noche anterior, sólo me habría fijado en la luz roja y nada más. Pero esa mañana casi perfecta, estaba meado y me estaba secando al sol. Meado y secado al sol, pensaba una y otra vez. Meado y secado al sol. Mi novia de entonces se asomó a las escaleras.

—¿Qué haces?

—Me he meado y me estoy secando al sol.

—¿Te has meado?

—Sí, supongo que durmiendo, no recuerdo nada.

Ella se acercó, puso su mano en mi paquete, se la llevó a la nariz y dijo:

—Sí, te has meado.

—Lo sé.

Aquello me pareció un bonito gesto de amor. No me tocó el paquete para comprobar que eso crecía, me lo tocó para comprobar que me había meado encima y me estaba secando al sol.

—¿No quieres una toalla o algo?

—Las toallas y los paraguas son para cobardes. Un hombre debe secarse al sol.

—¿Quieres que te prepare algo para desayunar?

—Un café estaría bien, aquí, mientras me seco.

No tardó en volver con una taza enorme de café caliente.

—Isra, ¿sabes lo que pienso de ti?

—Qué.

—Eres un tío raro, eres especial, incluso sentado en unas escaleras, meado y secándote al sol. No sé..., pienso que tienes algo, tengo la sensación de que harás algo, cosas importantes con tu vida. No sé qué exactamente..., no sabría decirte... Pero tienes toda esa energía y esa confianza en ti mismo, incluso así...

—Claro que sí, algún día escribiré que acabé meado y secado al sol y lo leerán miles de personas. ¿Tú sabes lo difícil que es que miles de personas lean cómo me he meado y secado al sol? Miles de personas lo harán. Y vendrán a que les firme el libro. Miles de personas leerán esta historia y yo seré rico y viviré de escribir. Algún día seré el puto Isra Bravo. Algún día eso pasará y tú lo verás. Y lo verán mis padres y lo verán mis hijos. Nunca miento en las cosas importantes y esto es importante. Algún día el mundo sabrá que me meé y me sequé al sol. Es una grandísima historia digna de ser contada.

—Lo es. Y yo lo veré. No sé desde dónde, pero lo veré.

Ella sonrió y yo volví a cerrar los ojos, también sonriendo, con mi taza de café caliente, secándome al sol y pensando en que algún día contaría la historia de que me meé encima y me sequé al sol sentado en unas escaleras de una casita en Ámsterdam. Y en cómo me atraparon esas luces rojas que no podía dejar de perseguir. Y allí, sentado, sintiendo el tacto caliente de la taza en mis manos, pensé por primera vez, o al menos pensé por primera vez de forma tan consciente, lo importante que era para determinadas cosas saber fijar la atención de la gente. En cualquier gran ciudad nos cruzamos con miles de personas cada día. Y sólo unas pocas nos llaman la atención. ¿Por qué es? Da igual si es su belleza o su manera de vestir o si son más feos que el demonio, hay que preguntarse el motivo y trasladar eso a nuestra vida, para saber utilizarlo. Esto es algo básico, que todo el mundo debería entender. ¿Para el email? ¿Para tus 300 palabras? Es muy sencillo. La gente, sea quien sea la gente, entendamos lo que entendamos por «la gente», esa gente, se distrae. Esa gente tiene un millón de cosas en la cabeza y casi nunca eres tú. Hay que conseguir que alguna vez seas tú. Nos tenemos que convertir, durante algún instante, en su luz roja. Fijar su atención en medio de todos esos estímulos que tienen. Necesitamos recordar que estamos «aquí». No puedes ser un simple adoquín del suelo que ni miras al pisar. Tienes que ser la luz roja reflejada en los canales de Ámsterdam. Hay que procurar ser eso. Debes llamar su atención. ¿Cómo? Pues, para empezar, con una buena línea de asunto para empezar tu email. Sin esa luz roja, sin ese canal reflejando luz roja, tu email será una pisada más en el suelo. La gente casi nunca recuerda el suelo que pisa. Lo hace tantas veces, anda tanto por el mismo lugar, que ya no tiene importancia. ¿Acaso no quieres tener importancia? ¿No quieres sentir esa excitación de la atención? Tienes que escribir líneas de asunto para tus emails que reflejen todo eso. La luz roja sobre el canal.

Ahora te voy a contar algunas de las líneas de asunto que mejor me han funcionado. En cada una de ellas te pondré ejemplos prácticos para que puedas hacerte una idea mejor sobre ello.

Algo que te recomiendo es que escribas en un cuaderno o en tu móvil o en tu pene, donde quieras, donde te vayas a acordar, líneas de asunto que se te ocurran, vete apuntado todas y luego ya veremos qué uso haces de eso. También es verdad que, muchas veces, es mejor escribir el cuerpo del email, esas 300 palabras y de ahí mismo, de alguna de esas frases, sacar la línea de asunto. Éste es un recurso que utilizo muchas veces y es realmente efectivo. Prueba ambas cosas, lo bueno que tiene escribirlas antes es que también te ayudan a desarrollar luego el correo. Pero en todo caso, lo más importante es tener clara su importancia. Mucha gente no se la da, escriben ahí cualquier cosa, y mandan el email y nadie le hace caso, pasa desapercibido en la bandeja de entrada.

Por cierto, no hagas ni caso al tema de la longitud de la línea de asunto. Mucha gente se obsesiona con que tiene que verse completa desde un móvil y, sinceramente, carece de ningún sentido algo así. Preocúpate de que la línea de asunto cumpla su objetivo, provocar que la gente pinche y no pierdas el tiempo en cosas tipo «número de caracteres».

Por supuesto, por mucho que te gusten no pongas iconos ni tonterías de esas. Puede funcionarte una vez, pero para entender lo que explico en este libro vas a tener que utilizar más tu personalidad y tus ideas, que no las de los emoticonos y otros atajos más infantiles.

Y ahora sí, te voy a detallar las siete líneas de asunto que mejor funcionan. Esto está basado (en el momento que escribo esto, pues esto crece cada día) en más de diez mil emails enviados, en diferentes nichos. Es una muestra muy poderosa para saber qué funciona bien.

1. Curiosidad
2. Beneficio
3. Impacto
4. Bizarro
5. Actual
6. Contraste
7. Número

1. Curiosidad

La curiosidad es, sin duda, una de las armas de venta más poderosas que existen para que la persona abra nuestros emails. Y sin duda es un recurso extraordinario para una buena línea de asunto. El ser humano es curioso por naturaleza y esto no es una manera de hablar. Funcionamos así desde que somos bebés. Es más, a los nueve meses de vida, un ser humano se siente más atraído por las imágenes que nunca vio que por las que le resultan familiares. Ese deseo de curiosidad está en nosotros. Se calcula que desde que empezamos a hablar y hasta los cinco años, hacemos a las personas de nuestro entorno alrededor de cuarenta mil preguntas. Cuarenta mil preguntas. Pero hay algo todavía mejor, fíjate en este experimento:

Pillaron a cuatro grupos de personas y les enseñaron una serie de fotografías. Al primer grupo le enseñaron las manos, los pies y el torso. Al segundo grupo, le enseñaron las manos y los pies. Al tercer grupo, sólo los pies. Y al cuarto grupo, nada, no le enseñaron ninguna foto. ¿Qué descubrieron? Que a más partes del cuerpo veía la gente en las fotografías, más interés tenían por ver a la persona completa. Así que la conclusión fue clara: hay relación entre curiosidad y conocimiento. ¿Y qué significa eso para nosotros? Que cuando hablo de escribir una línea de asunto que implique curiosidad, debe ser basado en el conocimiento y el interés de la otra persona. Si yo le escribo a un adolescente de catorce años: «Cómo evitar las arrugas por culpa del sol este verano», seguramente no le despierte la más mínima curiosidad. Pero es muy probable que a su madre de cuarenta años, sí. Estos detalles hay que tenerlos en cuenta.

En todo caso, como mejor lo puedes ver es con estos ejemplos de líneas de asunto, donde la curiosidad fue el eje central:

El peor error que cometen (incluso gente inteligente) en su negocio

Realmente veo complicado que, si le escribes a alguien que tiene un negocio, pueda resistir abrir una línea de asunto de este tipo. Simplemente le llamará la curiosidad ese error, que además es el peor que comete la gente en su negocio. Incluso los inteligentes. Si dices «inteligentes», pincharán más, porque todo el mundo se quiere ver en ese grupo.

Una mentira sobre la comida sana en la que mucha gente está cayendo

Es lo mismo, funciona. Es simple y efectivo. ¿Cuál es esa mentira en la que mucha gente está cayendo? Voy a ver...

Mi opinión sobre los coches eléctricos

Cuando dices «mi opinión» suele despertar la curiosidad de la gente. Sobre todo, si no es un email en frío (email que mandas a un remitente que no te conoce de nada, luego hablaremos sobre la mejor forma de mandarlo), si la gente ya te conoce de algo. El detalle de «mi opinión» suele asegurar muy buenas aperturas.

Con estos ejemplos puedes hacerte una idea de cómo utilizar la curiosidad en tus líneas de asunto. E insisto, la curiosidad es uno de los elementos más importantes para convertirnos en la luz roja en el canal de la gente.

2. Un beneficio extremadamente claro

Esto funciona muy bien: algo sencillo, impulsivo, un gran beneficio. Claro y directo. Sin complicar mucho la vida al lector. Es prácticamente inevitable que detrás de un beneficio no haya un trasfondo importante de curiosidad.

Dos lecciones memorables de autoestima

Bueno, ahí el beneficio es claro y directo. ¿Quién no quiere mejorar su autoestima? Si les digo que hay dos lecciones memorables sobre esto, es bastante claro que van a querer saber qué lecciones son ésas.

La manera más simple de vender en negocios online

Otro beneficio claro y rápido. Les estoy diciendo la manera más simple, no una normal o complicada, sólo la más simple de vender en los negocios online.

Recetas inútiles para adelgazar

Aquí otro claro beneficio, aunque en este caso sea utilizando lo contrario, en ese caso son recetas inútiles. Es un claro beneficio porque mucha gente está constantemente a dieta, pasando hambre, etc. Saber qué recetas son inútiles es un beneficio rápido para ellos.

3. Líneas de asunto que impactan

Aquí es importante que te diga que no debes abusar de ellas. Si tratas de impactar constantemente con estos recursos, al final, dejas de hacerlo. Te recomiendo que lo utilices de vez en cuando y debes tener en cuenta, muy en cuenta, a quién se lo mandas. Algunas personas y algunos mercados podrán asumir esto de mejor manera que otros. No tengas miedo, desde luego, todos somos personas al fin y al cabo, pero no es lo mismo estar en la ópera que en el fútbol. Estudia tu mercado y mira hasta dónde puedes llegar y, sobre todo, prueba. Te dejo tres ejemplos que funcionan muy bien.

Las consultorías que no se cobran son un timo

Si te fijas, internet está lleno de consultores de muy bajo nivel que dan consultorías gratis. Dan una consultoría gratis para luego tratar de venderte lo que sea. No digo que esté mal vender, digo que está mal dar consultorías gratis, pero supongo que deben pensar que ésa es una buena manera de captar gente. Lo mismo lo han escuchado en algún curso de ventas o se lo ha recomendado su agencia de marketing, a saber. En cualquier caso, un título así tiene un gran impacto (para la audiencia adecuada, lógicamente), pues es muy probable que, si se lo haces llegar a las personas adecuadas, ellos estén dando esas consultorías gratuitas. Luego, en el cuerpo del email, tendrías que desarrollar la razón por la cual consideras un timo llamar *consultoría* a decirles cuatro vaguedades para intentar vender tus servicios. Siempre, siempre, el título debe ir acompañado luego de un texto que tenga que ver con ese título del correo. Si escribes a una lista de forma frecuente, alguna vez puedes bromear con titulares que luego no se resuelvan, cuando ya se ha establecido una relación de gran confianza con esa audiencia. Si no, jamás lo hagas. Se lo harás una vez, tal vez dos, pero a la tercera dejarán de confiar en ti y no abrirán tus emails.

La mayoría de los testimonios son una gran mentira

Este titular me funcionó de manera extraordinaria. También, como en el caso de arriba, muchos negocios llenan sus webs con un montón de caras diciendo que les han cambiado la vida. Cada vez más usuarios saben que eso es impostado y está perdiendo parte de su impacto. El título tuvo un gran impacto y muchas respuestas.

Policía me insulta gravemente

Si esto se lo mandas a la persona adecuada, es innegable que le causará un gran impacto. Cambia policía por lo que quieras, por «cliente», por «doctor», por cualquier cosa que sea real, alguien que te haya insultado gravemente, y lo pones.

4. Lo raro, bizarro

Soy un gran amante de utilizar este recurso. También depende de tu personalidad, por supuesto. Debes poner tu propio corazón en los textos, no lo olvides. Como todo, no es copiar y pegar, es adaptar. Adáptalo a tu personalidad y a tu mercado, a la persona a la que quieras dirigir tu mensaje y que abra tu correo. Ten en cuenta que muchos de estos ejemplos son ideales para hacer email marketing con tu negocio a tu lista de suscriptores, por supuesto. Es más, estas mismas líneas o muy parecidas las he utilizado muchas veces para mí o para el negocio de clientes. Concretamente estos tres ejemplos son líneas de asunto que mandé a mi lista de suscriptores:

La palabra procrastinar me va a matar

Sin duda, una línea de asunto rara. Lo pensé porque escuchaba la palabra *procrastinar* de manera constante en todos los blogs y en todos los emails. Procrastinar por aquí, procrastinar por allá... En fin, es como una palabra de moda. Tal vez, cuando leas esto dentro de cien años, porque este libro vivirá mucho más de cien años, la palabra ya no esté de moda, pero ahora, en el año 2025, lo está y mucho. La escucho tanto, la gente la dice tanto, que parece que no hubiera existido antes, así que pensé: «La tengo que utilizar porque a la gente le llamará la atención». Y bueno, eso hice. Además, la metí con esa rareza de «me va a matar» y funcionó muy bien con mi lista de suscriptores.

Descripción nazi para vender online

Este titular también funcionó muchísimo. En todos los sentidos. Utilicé la idea de que todos, al describirse en internet, hablan de lo muy profesionales que son y dicen cosas como que su mayor defecto es «ser muy cabezotas» y esas tonterías. Así que de ahí salió la idea de un nombre bizarro, raro y provocador. Todo lo que lleve la palabra nazi levanta interés. Es así.

Mi opinión antisocial de la prueba social

Esta línea de asunto también genera mucha curiosidad para mis suscriptores, porque es mi opinión sobre algo, lo que sea, como ya dije más arriba. Y lo que lo convierte en bizarro es que sea una opinión antisocial de la prueba social. Es simplemente raro.

5. La actualidad

Esto es muy sencillo, ves lo que hay a tu alrededor y lo conectas con tu línea de asunto. Utilizando bien este recurso puedes destacar con claridad en las bandejas de entrada. Da un gran aspecto de frescura, por eso me gusta utilizar la actualidad. Hazlo siempre que puedas. Es muy fácil. Lógicamente, como persona sensata, te aconsejo que no leas periódicos ni veas telediarios, pero claro, tú haz con esta información lo que quieras. La actualidad se puede utilizar de muchas formas y te puedes enterar de las cosas de formas muy diversas. En todo caso, para que lo veas, te pongo otros tres ejemplos:

Sobre el Black Friday y el final de Amazon

Este mail lo mandé cinco días antes del *Black Friday* de 2018. Lógicamente tuvo muchas aperturas porque era un tema supercaliente para todo el mundo en esas fechas. Añadí lo del final de Amazon para darle todavía un toque de más actualidad. Amazon estaba anunciando no un viernes negro, sino toda una semana. Me reí bastante escribiendo este mail, y muchos de los lectores me dijeron lo mismo.

Lo que Travolta no sabe sobre la nueva ley de protección de datos

Esto lo utilicé en plena vorágine de la Ley de Protección de Datos que entró en vigor en España en mayo de 2018. Utilicé a un famoso y metí algo de muchísima actualidad y que pareció preocupar sobremanera a todo el mundo. Esto se lo mandé a mi lista de suscriptores, pero lo podrías mandar a cualquier otra persona a la que quieras llamar la atención y que sepas que le interesa o preocupa el tema de la protección de datos.

Hoy es la final del Mundial. Pasará esto

Bueno, ésta es fácil, sólo tienes que esperar un día cada cuatro años, que hay una final del Mundial.

Y con esto, creo que te haces una idea clara de a qué me refiero con aprovechar la actualidad. Es fácil. Simplemente es estar pendiente de lo que sucede y utilizarlo a tu favor. El trabajo se hace solo. Pones un poco de ingenio y ya está... O ni eso... Mira el último ejemplo...

6. El contraste

Uno de los mejores recursos es el contraste. Dependiendo de lo bien que utilices esto y de tu propia personalidad, puede ser quizá el mejor recurso. Por ejemplo, una de las cosas que más dice la gente son cosas tipo: «Me encanta viajar, pero paso totalmente de los viajes programados». No he escuchado en mi vida a nadie que diga: «Me encantan los viajes totalmente programados, con un itinerario claro y que sepa lo que tengo que hacer en cada momento». Nadie dice eso, todo el mundo quiere ser especial, parecer que es un indomable que va a su bola, pero la realidad es otra, la realidad es que los circuitos turísticos están llenos de turistas, y los aventureros de verdad son cuatro. Por eso no hay que fiarse demasiado de lo que dice la gente, pero, sin embargo, debemos estar pendientes de lo que dicen. Y utilizar los contrastes. La gente muestra constantemente contrastes y contradicciones entre lo que dice, lo que piensa y lo que quiere. Somos así y por eso esto funciona tan bien, algo nos hace un clic en la cabeza cuando vemos un fuerte contraste. Te paso tres ejemplos:

Lo que aprendí de ventas (ético) de un estafador

Joder, ¿aprender de ventas de un estafador? ¿Ético? Aquí tenemos un contraste fuerte. Es difícil que la persona adecuada, interesada en el tema de las ventas, no quiera saber de qué va eso.

Ejercicio muy malo siguiendo consejos de un entrenador conocido

Aquí tenemos un contraste muy fuerte también. Ideal para gente a la que le interesa el entrenamiento: «¿Entrenador conocido? ¿Algo muy muy malo? Eso no me cuadra, voy a ver...».

Cómo vender sin dar un solo beneficio

En internet nos bombardean con esa idea (equivocada, en la mayoría de ocasiones y casos) de dar mucho valor y beneficios para vender. Si yo te digo cómo hacerlo sin dar ni uno solo, es un contraste evidente.

7. Los números

Reconozco que no soy muy fan de incluir números en la línea de asunto, pero te lo tengo que contar porque funciona. Realmente es así. Nuestra estructura cerebral reacciona rápido ante este tipo de estímulos. Yo hice la prueba conmigo mismo y descubrí (para mi pequeño disgusto) que realmente me costaba mucho no pinchar en algo que tenga números. «23 formas de mantener las ruedas de tu coche a punto.» No tengo coche ni ruedas, pero lo abro. Qué le voy a hacer. En todo caso, cuando yo lo utilizo, cuando por lo que sea meto un número, siempre procuro alejarme de tópicos todo lo que pueda.

Un 12 % de las mujeres tiene esto. Ni un solo hombre

Este titular me funcionó muy bien. Es difícil resistirse a saber qué es lo que sólo tiene un 12 % de las mujeres y no tiene ni un solo hombre. Es difícil resistirse, sea mujer o sea hombre o cualquier otro género que pudiera descubrirse de aquí al próximo verano. Lo saqué de una noticia donde hablaban de un cuarto tipo de cono ocular que tenían las mujeres, que les permitía distinguir muchas más tonalidades de colores que a los tíos. Y oye, cuanto más escucho hablar de rojo carmesí, rojo turquesa, rojo cereza... pues pienso que debe ser verdad. Yo sólo veo un rojo, como mucho rojo claro u oscuro.

3 secretos de productividad de la gente más fea

Aquí otra cifra y otra manera de utilizarla aumentando la curiosidad del lector. Si pongo «3 secretos de productividad de los emprendedores de éxito», está bien, pero vamos, es muy típico. Si digo «de la gente más fea», aumento la curiosidad y pinchan más.

Los cursos cuyo precio acaba en 7 y otros misterios

Aquí meto otro número y lo hago de manera diferente. Es cierto, son cifras, pero de otra manera. En casi todos los cursos online el precio acaba en 7. Ya sea 197 euros, 297 euros, 997 euros. ¿Algo en contra? Pues no, para nada, pero es cómico. Y lo mejor de todo, no es cierto que convierta más, es un mito, como lo del perro, la mermelada y Ricky Martin (si no sabes de qué te hablo busca en Google).

Cuanto más utilices todo esto, más fácil será para ti escribir líneas de asunto. Podría darte más ejemplos, pero sinceramente, con esto tienes de sobra para ir afilando tu cuchillo.

Como habrás visto, aunque en cada titular predomina más alguno de los estilos que te he enumerado, varios de ellos en realidad son una mezcla. Te los divido así porque es mucho más fácil, cuando vayas a estructurar tus propias líneas de asunto, que tengas claro qué quieres expresar. Pero no tengas miedo a mezclar. Quédate con los conceptos, ataca uno y a partir de ahí desarrolla. Luego, el resultado es que muchas veces será una mezcla, pero no temas por eso, al contrario, es lo que mejor funciona.

Otra cosa que funciona muy bien, pero muy bien, son las rimas:

Ignora a los curiosos, a los pesados y a otros acomplejados
Orgías y otras manías con las opciones de precios
Mal aliento, mal intento

Éstos son titulares de algunos de mis contenidos de pago. Resultan fáciles y digeribles de leer por una simple rima. Haz que tus líneas de asunto rimen de vez en cuando.

Como verás, se tiene que hacer un esfuerzo, pero merece mucho la pena. Y con estas estructuras, y sabiendo ya lo que mejor funciona, te costará mucho menos. Por eso te repito la recomendación de arriba, apunta cada idea en tu móvil o donde sea. Apunta todo. Con el tiempo tendrás una lista de doscientas líneas de asunto. Que te sobren. Mejor vivir así, sobrado.

Y con el sol acariciándome esta mañana, mirando las montañas de Andorra, sin dejar que nada me perturbe demasiado, pensando, siempre que tengo estrés (tanto que noto que la situación se puede desbordar) en aquellos canales rojos y la luz que perseguía en círculos como única preocupación. Mi única preocupación, eres tú.

2

Habría sido vagabundo si no fuera por mujeres como tú

Lo único que me gustaba del colegio era no ir. Así que aquel lunes, después de estar planeándolo todo el fin de semana, decidí que no iría a clase. Sería la primera de muchas, de faltar sin permiso ni excusa. Mi padre me dejó, como siempre, cerca de la puerta y cuando le vi alejarse, en vez de entrar en ese pozo de fealdad programada, me fui andando calle arriba a vivir la calle. Tenía once años, una mochila y todo el día por delante para mí solo. Era una mañana soleada y fría de Madrid, esas mañanas donde guía el sol de invierno. Nadie reparó en mí, iba andando camino del centro, hacia la Gran Vía y nadie me preguntó si estaba perdido o qué hacía por la calle un lunes a esas horas. Simplemente era un niño andando con una mochila. Sólo eso. Todo eso.

Aquella mañana, mientras paseaba, pude observar cómo era la vida de los adultos cuando no los miraban los niños. Era como si los estuviese espiando. Como si estuviese mirando por detrás de una cortina cómo esperaban el autobús, cómo repartían sus camiones, cómo iban con sus trajes y maletines camino de algún lugar horrible para dejarse humillar por alguien más horrible que ellos, o las mamás que iban a la compra con sus carritos y sus pensamientos cotidianos. Miraba el tráfico, recuerdo muchos taxis y mucha gente con aspecto de tener prisa y de estar amargada. Me gustaba mucho la calle, pero no me gustaba la vida de esa gente. Yo odiaba el colegio, pero ellos parecía que odiaban la vida. Parecían de mal humor, estresados, cansados, impostados. Era divertido observarlos, como en un decorado, una película, había barrenderos también, y todas esas tiendas abiertas, videoclubs, los sexshops del centro, ópticas, El Corte Inglés, gente paseando a los perros, otros bebiendo vino en los bares antes de las diez de la mañana, los conserjes de los bloques fumando en la puerta, viendo morir su vida delante de sus ojos, los obreros, había muchos obreros, muchas calles estaban levantadas, había que esquivar muchas vallas, los autobuses llenos de sueños sudados de un punto a otro, el ruido, el ruido era intenso, muchos cláxones, los vagabundos y los borrachos, esos sí me miraban y me extendían la mano por si les daba algo, también me crucé con algunas mujeres guapas, aquella mañana.

Ahí lo entendí, que eso debía ser por lo que todos esos tipos trabajaban, para intentar gustar a las mujeres guapas, ¿para qué otra cosa si no? Si no hubiera mujeres guapas, supongo que todos ellos habrían sido vagabundos. ¿Para qué trabajar? ¿Para impresionar a otros hombres? Lo tuve claro aquel día. Nunca he querido demostrarles nada a otros chicos, pero por aquellas mujeres... por eso sí merecía la pena. Pensaba en eso, en las mujeres guapas y en los vagabundos. Si eres vagabundo, las mujeres guapas no te querrían acompañar. Esa fue mi gran reflexión aquella mañana, eran mis once años y aunque ser vagabundo me había parecido una buena opción, para no tener que aguantar a nadie y poder ir de un lado a otro cuando quisiera, me parecía una pérdida muy grande el no poder estar con alguna mujer guapa. Así que descarté ser vagabundo. No sabía lo que quería ser, pero sí sabía lo que quería: pasar la vida con alguna mujer guapa.

Y no ser vagabundo. Si era vagabundo, eso no sucedería, y estaría solo y no tendría un lugar donde llevarlas y besarlas. Le seguí dando vueltas a la idea, si fuera vagabundo, podría despertarme a la hora que quisiera, elegir en qué ciudad vivir, no me tendría que lavar los dientes, no tendría que hacer deberes, ni aguantar a los profesores que llevan décadas sin curiosidad, tampoco tendría que aguantar a los pesados de los compañeros ni trabajar en equipo, ni hacer manualidades, ni tocar la flauta, ni aprenderme los nombres de los putos ríos que no tenía interés en visitar, ni tendría que hacer gimnasia, ni seguir un dictado aburrido que no sabía seguir, ni pedir permiso para ir al baño, ni esperar al recreo para comer o para que me diera el sol en la cara, ni quedarme encerrado en una clase con olor a tiza rancia porque llueva, con lo que me gustaba la lluvia. Si fuera vagabundo, podría ponerme bajo la lluvia cuando quisiera. Tampoco tendría que aprender inglés, era incapaz de recordar ninguna palabra en inglés, cuando la veía en una pizarra, si cerraba los ojos un segundo, las letras ya habían cambiado de sitio. Si fuera vagabundo, lo sería en sitios donde no me hiciera falta el inglés. Tampoco tendría que hacer excursiones a museos, no hay nada más aburrido que un museo. Y hacer cola para entrar a un museo es perder toda sensibilidad por la vida. Un montón de gente mirando paredes fingiendo entender lo que ven. Y lo mejor, no habría lunes, para un vagabundo todos los días son el mismo. Eso sonaba de maravilla en mi cabeza, nada de horarios, nada de normas, nada de gente, pero había un problema. Pensar en una mujer guapa, pasear con ella de la mano, poder invitarla al cine, a pasear en barco, todo eso era muy importante en la vida y si eligiera ser vagabundo, tendría que renunciar a ello, entonces, ¿para qué vivir? ¿Para descargar camiones? ¿Para encerrarme en una sala con gente que no me interesa a ver cosas que no me interesan sobre gráficas, para mejorar cosas que no me importa que mejoren? Sólo por una mujer guapa tendrá sentido.

Cuando llegué a la altura de la plaza de Callao, me quedé mirando la cartelera del cine. *Indiana Jones y la última cruzada*. Su puta madre. El cartel era enorme y sólo por mirar ese cartel, un lunes por la mañana, había merecido la pena haber faltado al colegio.

Se me acercaron dos chicos, algo mayores que yo, tal vez de unos quince años, con muy mala pinta. Era raro que hubiera gente de esa edad por la calle un lunes por la mañana.

—¿Mirando el cartel?

—Sí.

—¿No vas a colegio?

—Hoy no he ido.

Se miraron entre ellos, sonrieron y uno, el que parecía más mayor y mucho más alto que el otro, se abrió su chaqueta y me dejó ver el mango de un machete que me pareció por lo menos de diez metros. Parecía enorme, casi como una espada.

—Danos todo lo que tengas.

—No tengo nada.

—¿Ah, no?

—De verdad que no. No tengo nada.

Era verdad, no tenía dinero, ni un reloj, ni nada que les pudiera interesar. Era un pobre desgraciado andando solo por la ciudad mirando cosas. Todo lo que tenía estaba dentro de mí y no estaba dispuesto a dárselo a esos tipos.

—Piensa bien, idiota, seguro que algo tendrás.

—Sólo tengo los libros. ¿Los queréis?

—¿Nos estás vacilando?

—No, de verdad que sólo tengo los libros.

—Abre la mochila.

Abrí la mochila, miraron con indiferencia dentro, le dieron una patada leve y se marcharon.

—Eres un *pringao*.

Y allí me quedé, de espaldas al cartel de *Indiana Jones y la última cruzada*. Era la primera vez que intentaban robarme, me gustó la experiencia. No había pasado miedo, no por valiente, es que había visto en los ojos de aquellos chicos que no me harían nada, que sólo querían intimidarme. Y también sabía que, si no les molestaba, si respondía sus preguntas sin pasarme de listo y sin ofenderlos, no me harían nada. Y ellos se fueron por un sitio y yo por el contrario, camino a casa, pensando en todo eso. Pensando en la gente y en los vagabundos y en las mujeres guapas y en los ladrones. Todo estaba en mi cabeza de tal forma que no recuerdo nada del viaje de vuelta. Supongo que me lo pasé recreando lo vivido hasta que me enseñaron aquel gran machete. A partir de ahí, no recuerdo nada, hasta que llegué a mi casa y me comporté como si aquella mañana hubiera sido otra vulgar mañana en el colegio.

Por la tarde, con la excusa de ir a casa de un amigo a estudiar, me fui al mismo sitio donde me habían enseñado el machete aquellos dos quinquis. Me compré una entrada para ver la película, estaba muy ilusionado porque era mi primer plan de ocio en solitario y aquello me hacía sentir bien. Me gustaba estar solo, de niño, me gustaba estar mucho tiempo solo, como siempre, pensando en mis tonterías. Mirando las cosas. E ir al cine, a ver aquella película donde unas horas antes me habían intentado atracar, fue mi primer plan de ocio en solitario. Y en el cine se puede aprender mucho de la gente, de cómo se comporta y de qué cosas tenemos que evitar. Cuando la gente va al cine ha tenido que salir de casa, se ha tenido que vestir, ha comprado su entrada, a lo mejor ha ido dando un paseo o ha pillado transporte público o su coche para llegar. Y cuando están allí compran palomitas y cocacolas y todas esas cosas.

Entonces, en el cine, pasan cosas que no pasan cuando escribes 300 palabras. Cuando estás en el cine haces un esfuerzo, esperas paciente a que el tema se ponga caliente, puedes estar diez minutos o veinte sin que pase realmente nada, que sea una suave introducción. Y no te vas corriendo porque has salido de tu casa, te has arreglado, fuiste dando un paseo o en tu coche, compraste palomitas y cocacolas... tienes una predisposición para aguantar. Tu cerebro está dispuesto a aguantar, pues ha invertido su tiempo y su dinero en ir al cine. Pero eso jamás, jamás, pasa con tu email, con tus 300 palabras. Esto muchas personas no lo entienden. Hay que separar estas situaciones de la vida. Tu email puede ser puro ocio, pero la gente no te dará nada de margen. Están con su móvil, o con su ordenador, lo mismo los pillas en su casa, en pijama o en el autobús, da igual, sólo tienen que deslizar el dedo y se acabó, la atención se esfumó. Un director de cine, un guionista, tiene tiempo; tú y tus 300 palabras no tenéis ese tiempo. Esto hay que interiorizarlo y nunca olvidarlo.

¿No lo has visto en muchos emails? La gente empieza a contarte una historia y hasta la palabra 200, por ejemplo, no sabes qué hay para ti. Recibes un email y las primeras líneas son para hablarte de lo maravillosa que es esa persona o empresa que te escribe. Y cuando quieren empezar a dar la información de valor, ya han perdido tu atención.

Es un email. No es el cine. En un email, antes de la tercera frase, la gente debe tener clarísimo qué hay para ellos.

Igual que hay mucha gente que piensa que las historias no funcionan (estos seres humanos son los más ciegos de todos) porque a nadie le interesa nuestra vida y no es cierto. La culpa jamás es de la historia. Es de cómo fijamos la atención de la gente desde la primera línea una vez que hemos conseguido que abran el email. Y para esto, lo que tenemos que hacer es lo siguiente:

Piensa que vas a escribir tus 300 palabras para vender un viaje para un grupo de mujeres solteras, por ejemplo, da igual. Entonces yo les quiero contar sobre un restaurante que es uno de los más divertidos de la ciudad gracias a sus espectáculos en directo y que además es un restaurante que no suele aparecer en ninguna guía, un sitio con el que no es fácil dar. Si yo empiezo ese email contando una anécdota cualquiera sobre un restaurante al que fui con una novia, y así transcurre gran parte de mi correo, y hasta el final el lector no sabe qué hay para él, me estaré dejando un montón de gente por el camino. No es una película, son mis 300 palabras. ¿Cómo solucionamos esto? Sencillo. Empiezas el correo diciendo:

«En este email, vas a descubrir un sitio espectacular para que vayas a cenar con tus amigas que no encontrarás en ninguna guía de viajes, pero antes, deja que te cuente algo muy breve».

Y ahí le puedes contar algo relacionado contigo que aumente la confianza, que te humanice y que persuada a la otra persona. No vas directamente a venderle lo tuyo, primero fijas su atención con algo que les interese a ellos y luego cuentas lo que tengas que contar que dé forma a tu email. Y así será mucho más potente porque tenemos su atención. Si tú empiezas el email con una historia que nada tiene que ver o hablando de ti o de tu empresa, convertirá mucho menos. Esto es así y no admite mucha discusión. Le tenemos que dar al lector, nada más empezar, el motivo por el que tiene que leer. No suele ser buena idea empezar a hablar sin que el otro sepa por qué le vas a hablar. Y éste es uno de los errores que más constantemente veo.

Te puedo poner infinitos ejemplos. Si tienes un problema de carga de tu web y hay un diseñador que es capaz de optimizarla y hacer que vaya mucho más rápido... ¿qué tendría que decir ese diseñador nada más empezar? Pues lo primero sería algo así:

«Si no estás seguro de si tu web carga o no lo suficientemente rápido como para que Google no la penalice, es muy posible que este email te interese. Antes, te pongo en situación...».

Y ahí ya sí podemos ir con lo que sea. Entonces debemos entender que, en un email, lo más importante es la línea de asunto y lo segundo más importante es esto, sin distracción en las primeras dos o tres frases una vez han abierto el email. Recuerda, no es el cine. No hay tiempo. Esto es marketing de respuesta directa. Acción-reacción. No hay otra. Rápidamente el lector tiene que saber qué hay para él. Tenemos que intrigarle para que quiera seguir leyendo. Sólo con aplicar esto bien en un email, ya ganarás muchas posibilidades de que todo vaya bien. Sólo con este detalle.

Si te fijas, en mis emails diarios yo lo hago muchas veces. Empiezo con algo tipo: «En este email te voy a dar una lección de mentalidad que podría ayudarte mucho en tu negocio». Y luego ya cuento lo que tenga que ser, pero fijo rápido la atención. Lo hago constantemente, funciona. No te estoy contando nada que no haya probado cientos de veces. Insisto, siempre hay que darles una razón por la cual te tienen que leer.

Más ejemplos. Si tú eres un abogado y vas a escribir tus 300 palabras para mandarlas a tu lista de suscriptores o a quien quieras, y vas a ofrecer una asesoría para problemas fiscales con empresas, lo primero que deberías decir es algo tipo: «En este email te voy a contar un problema que tuvo una empresa por no saber presentar correctamente sus impuestos. Un tipo de error, por cierto, muy habitual y que tal vez te esté pasando a ti». ¿Lo ves? Ya está, ya has fijado la atención de tu público objetivo. Si empiezas el email diciendo: «Soy José Martín, abogado colegiado que lleva ejerciendo desde 1912 antes de Jesucristo y bla y bla y bla...». No, joder, no es así, debes entrar rápidamente en la cabeza del otro, la vida es así, hay que entender estas reglas. No estamos en el cine, estamos en las 300 palabras.

Yo las escribo porque existen las mujeres, si no, sería vagabundo. ¿Qué quieres ser tú?

3

Pervertido cotidiano

Hablemos de buenos amantes. Y de buenos textos de 300 palabras.

Una vez leí, no sé dónde, no sé cuándo, que los mejores amantes eran hombres ociosos. También leí que los mejores amantes eran los saxofonistas. Eso me llevó a tocar el saxo, aunque esa historia da para otro libro. El caso es que leí, no sé dónde, no sé cuándo, que los mejores amantes eran los hombres ociosos. Esto podría tener bastante sentido, ya sabes: el estrés, las obligaciones, los horarios extenuantes, los niños, las notas, las madres, los tíos, los primos, el mercado, las alcantarillas, los recibos, las reuniones de vecinos, los vegetarianos, el olor a fritura recalentada... Todo eso podría matar la libido de un hombre cuerdo. O no. Pero el caso es que no sé dónde, no sé cuándo, yo leí que los mejores amantes eran los hombres ociosos. Siempre que imagino a un hombre ocioso, mi imagen mental es la de un tipo tirado en una cama, con ventanales dando a la piscina y con vistas a tres mujeres con tan poca ropa que uno podría atravesarla. No una, ni dos, ni cuatro, tres mujeres. También entra el sol de mediodía, las sábanas son blancas y tiene tabaco puro y agua en la mesilla. Y observa a las mujeres y observa el puro. ¿Sabes? Ésa es mi idea de un hombre ocioso. Ésa es mi idea de un hombre ocioso que quiere ser amado y que ama tan bien como sabe, como puede, como siente.

No tiene pinta de ser alguien que se complique la vida. Al menos, no es la imagen que me transmite tumbado en la cama observando a las mujeres y el puro.

El buen hombre ocioso lo es por placer, no por necesidad. Tiene tiempo porque se lo puede permitir, no es tiempo perdido sin hacer los deberes. Tiene dinero y lo tiene trabajando para él. Tiene ideas, porque las mejores ideas ocurren paseando ociosamente. No es un vago ni un memo ni un mantenido y sabe que lo importante es que nadie le toque los cojones. Y por eso disfruta el dinero de la forma que lo disfruta, simple. No tiene diez reuniones al día ni le suena el teléfono constantemente, tampoco le importa lo que nadie diga de él porque no necesita a nadie para disfrutar del tiempo. Pero lo más importante, el hombre ocioso no se complica la vida. Que tenga tiempo libre no significa que lo enrede. Si lo hace, nunca será un verdadero hombre ocioso.

El hombre ocioso es astuto y es un pervertido cotidiano.

Mira, esto es sencillo.

¿Qué haría un hombre atropellado por el tiempo? ¿Sin posibilidad de reflexionar? ¿Qué haría el hombre al que golpea la prisa en la nuca cada mañana? Actuar precipitadamente. Entonces si tuviera que dirigirse a un desconocido o a un grupo de desconocidos, escribiría un email o una carta, escribiría sus 300 palabras para tratar de tener una reunión, una cita, una venta o lo que fuese y en menos de dos frases diría algo así:

«Déjame que me presente».

Seamos claros, eso es basura.

¿«Déjame que me presente»?

No te conozco de nada, ¿a quién coño le importa quién seas? ¿Y encima me pides permiso? «Déjame que me presente» es una maldición. He probado esto en cientos de emails, es más, lo puedes comprobar si grabas un webinar. Si nadie te conoce y empiezas con un «déjame que me presente», la gente deja de mirar, deja de leer, deja de vivir para ti.

Se acabó. Estás jodido.

«Déjame que me presente.» Muerte.

Sin embargo, un pervertido cotidiano que se ha fijado en los detalles, que es ocioso, sabe que para que le hagan caso cuando no le conocen, no puede empezar nunca, jamás, diciendo «déjame que me presente». Entonces, este tipo astuto hace una breve presentación sobre el tema que interesa mucho a su audiencia y tiene un gran beneficio y dice algo así: «Y ésta es la razón por la que deberías escuchar lo que te voy a contar».

Y ahí, entonces, sí... les dices la razón de por qué eres lo que eres y por qué deben escucharte. Has pasado de un aburrido «déjame que me presente», cuando nadie sabe quién eres (si lo saben tampoco tiene sentido, lógicamente) a darles una razón para que te escuchen. De esa forma, es muy distinto. «Y ésta es la razón por la que deberías escuchar lo que te voy a contar. Llevo diez años aplicando esto y... bla, bla, bla.» Eso retiene su atención.

Es muy importante dominar el arte de las 300 palabras. La persuasión no es una ciencia, es un arte. Si eres un negado, nunca serás Picasso, pero si asistes a clases de pintura, podrías pintar mejor. Y con que sepas persuadir mejor de lo que sabes ahora, sea cual sea tu nivel y tu habilidad, la mejora en tu calidad de vida será radical. Y serás mejor que la mayoría. Porque la mayoría son demasiado egoístas como para salir de su cabeza. Es por eso por lo que debes pensar como un hombre ocioso, como un pervertido cotidiano, no debes complicarte la vida y hacerlo sencillo.

Eso me lleva a pensar... Me lleva a pensar en toda esa parafernalia de los amantes. Pétalos en la cama, perfume en las sábanas, música para el momento, luz de velas, comida afrodisíaca en la almohada. Me resulta tan complicado, tan coñazo y, en el fondo, tan previsible... Es como todo ese rollo del marketing de complicarse tanto la vida. Haz quince historias para Instagram, siete para TikTok, manda un email el jueves a las 18.30 y 23 segundos. Haz un test A/B y si hace falta, C. Si no te abren el correo los metes en una secuencia de «no abiertos» y les preguntas qué pasa. Haz un webinar. Crea tres productos, uno para cada nivel de consciencia. Y otro para el nivel de la consciencia del perro, haz tres versiones de tu web, haz y haz y haz, complica y complica y complica...

Joder, ¿quieres escribir 300 palabras y mandar el puto email? Si sabes hacer eso, vas a vender más que de ninguna otra forma con casi total seguridad.

¿Y de dónde sacas las ideas?

De lo cotidiano. Las ideas no están en los libros de marketing ni en las escuelas de negocios. Las ideas están en lo cotidiano. Como cuando estás en tu casa y miras a esa mujer que no te mira, que está de espaldas, y adivinas su culo con el pijama que has visto quinientas veces antes, pero sabes cómo sabe y hueles cómo huele, y puedes ver cómo está en la cocina, apoyada en la encimera, recién levantada, moviendo la taza del café con desgana... Esa cotidianidad es tan caliente, da tantas ideas... No hay pétalos, no hay músicas, maquillaje ni perfume, pero hay sudor recién levantado y olor a vida eterna de la mañana, con una erección que te revienta las venas de la cabeza y quieres acercarte por detrás. ¿Notas eso? No hay que complicarse. ¿Romántico? ¿Delicado? ¿Salvaje? No sé, vale con buen verbo, buenas palabras, para envolver, para seducir. Y está apoyada sobre su espalda y tienes una mano en su cuello y otra en su cintura, pensando que, tal vez, lo que deberías hacer es bajarle el pantalón y abrir ligeramente sus piernas mientras le prometes sólo tres minutos. Pedirle sólo tres minutos, es todo lo que necesitas para empezar el día como hay que empezar. Sencillo, directo, animal. ¿Verdad que sí? Verdad que sí.

No se necesita nada más en realidad. Debes mirar lo real. Recuerdo muy bien un paseo con Manuel Peña, el capo de Universal que te decía antes, por las calles de Bogotá. Me dijo algo que se me quedó muy marcado. Fue algo así:

—La gente, en Colombia, tiene una visión 360. Quiero decir, ellos miran mucho a los lados y espalda para que no les roben el bolso o lo que sea. En Europa caminamos y sólo miramos hacia delante, pero en Colombia se mira todo. Cuando caminas con alguien de aquí se les nota esa costumbre, como si fueran más tensos, por decirlo de alguna manera.

Eso me hacía pensar en que la mayoría de la gente no tenía ninguna tensión vital. Hay mucho que interiorizar de la visión 360 de un colombiano andando por las calles menos amables de la ciudad. Si ves un coche amenazante debes transmitirle que sabes por dónde vas. Y entiendo que, si viviera en el pueblo más seguro y tranquilo del mundo, no tendría la visión 360 para evitar un robo, pero debería tenerla para evitar perderme lo que me rodea. Lo cotidiano. Es una forma de entender la vida, una filosofía, un propósito. ¿Cómo vas a poder ayudar a los demás si no te fijas en lo que te rodea? En lo que los rodea, lo que les duele, lo que desean, ¿cómo piensas hacerlo? No podrás. Hasta el artista más antisocial necesita mirar al mundo para luego conversar consigo mismo. No puedes hablar en profundidad contigo mismo si no eres capaz de dedicar tiempo a lo que te rodea, a cómo sientes lo que te rodea. Cuando haces eso, empiezas a ganar tiempo. Si te detienes a observar, verás que tú no tienes que correr detrás de ningún deseo, ni del dinero, porque si te sientas y miras, lo vas a ver en tantos sitios que no dejará de sorprenderte y vendrá hacia ti. Y sí, claro que puedo entender a ese tipo que no llega a fin de mes, que ha perdido su trabajo y que teme perder el respeto de su familia, el respeto del mundo. ¿Cómo no lo voy a entender? ¿Cómo no voy a entender que el sol que atraviesa su ventana le recuerda que es otro día perdido en vez de otro día nuevo? ¿Cómo no voy a entender que piense que todo lo que estoy diciendo es ciencia ficción? ¿Que el dinero no está en ningún sitio? ¿Que nunca irá hacia él? Lo entiendo.

Durante parte de mi vida, estaba «llegando» a todos los sitios. Ahora, «me estoy marchando». Esta diferencia es vital y la puede aplicar cualquier persona en cualquier momento de su vida. Estar llegando a los sitios es estar constantemente disponible para los demás; estar marchándose es que la gente vaya detrás. Esto cambia radicalmente las cosas.

Recuerdo hace poco que me contaba un amigo, asesor fiscal de muy alto nivel que hace muchos negocios en Dubái, que durante varios años de su carrera estaba siempre disponible, siempre con la actitud de estar llegando. Los clientes le pagaban 100 miserables euros la hora. No hablamos de un cualquiera, es una persona muy preparada. Y me contó que a raíz de seguirme empezó a mostrar la actitud de «marcharse». Es decir, mostraba poquísima disponibilidad, como si se marchara y la gente tuviera que perseguirle. Eso hizo que pusiera la hora a 800 euros y que la gente que se lo podía permitir (mucha más de la que parece) no dudara en pagárselo. Era el mismo tipo, con los mismos conocimientos, pero uno estaba siempre llegando y el otro, se estaba siempre marchando.

Y todo eso lo aprendes observando. No llegues, márchate.

La cotidianidad es erótica y salvaje y dulce. Y se renueva de forma eterna y constante. Está en todos los sitios. La puedes encontrar en cada paso que das. Si lees una noticia curiosa, la anotas. Si escuchas una conversación que te llama la atención, la anotas. Una frase de un libro, un cartel, una escena en el supermercado, absolutamente todo te vale para escribir esas 300 palabras. Ahora vamos a profundizar mucho más en ello y lo vamos a desarrollar en tres pasos. Luego veremos cómo armar eso, pero ahora sólo hay que tener clara una cosa: te deben poner caliente las cosas más triviales, porque es ahí y no en lo complicado donde está la más intensa persuasión. Y es ahí donde todo cambia. Puedes mirar con deseo fuera, puedes mirar con deseo la literatura, lo que no es real, el perfil de red social, puedes mirar con deseo a la chica del póster, a la *influencer* de la pantalla, al protagonista de la última novela que leíste o de tu serie favorita... Pero para escribir las 300 palabras, debes tener la mirada en la vida y el corazón en todos los sitios. No debes mirar lo irreal o lo confuso. Los libros son todo mentira. La verdad está en la calle. Pero tú te tienes que estar marchando, sólo así te podrá seguir la gente.

El caso es que una vez, no sé dónde, no sé cuándo, leí que los mejores amantes eran los hombres ociosos.

4

La luz de un hombre enamorado

Una de las cosas que más preocupan a la mayoría de las personas es cómo generar ideas para escribir todos los días. Lo que veíamos en el capítulo anterior y en lo que, ahora, vamos a profundizar en éste. No sólo en cómo generar ideas, vamos a ver cómo armar un email completo. Entonces, lo que te decía, a la mayoría le preocupa esto de tener ideas. Esto es como si te preocupara respirar. Como si te levantaras y lo primero que pensaras agobiado al mirarte al espejo es: «¿De dónde voy a sacar el aire hoy?». Preocuparte por cómo vas a generar ideas es lo mismo que preocuparte por algo así. Carece de sentido. Sólo necesitas un sistema. Yo creé uno, se lo he enseñado a miles de personas estos años y quizá te pueda servir también a ti. Esto está pensado para que puedas crear tantos emails como quieras, es especialmente útil para mandar emails a listas de correo, para que tu negocio, tu marca personal, pueda aprovechar el email marketing, el poderoso email marketing. Repito, este capítulo es especialmente útil si quieres hacer email marketing de manera muy frecuente, cosa que te recomiendo radicalmente. Si no piensas hacerlo por la razón que sea, tampoco deberías saltarte este capítulo, nunca se sabe dónde puedes encontrar la siguiente idea que cambie el rumbo de tu vida.

Se me ocurrió años después de conocer a un tipo, cuya historia merece ser contada. Era un hombre enamorado. Un hombre enamorado es capaz de cualquier idiotez, de cualquier locura, de cualquier maravilla. Toda esa fuerza, toda esa luz. Y este tipo pensó que debía escribir cada día a la mujer a la que quería. Cada día. Todos los días, le mandaba un email. A las 22.00 horas. Cada día, a las 22.00 horas. Así durante cuatro años, hasta que finalmente, logró una cita con ella. Hoy están casados. Cuatro años. Cada día. Hoy es su mujer. Este tipo no era ningún desesperado, sólo le contaba cosas entretenidas a la chica. Sólo hacía eso. No le rogaba por su amor, no parecía un zumbado al que tuvieran que encerrar, sólo estaba enamorado de ella y le gustaba escribirle cada noche. La chica leía cada correo, sin responder. Pero para él, la respuesta era escribir. Porque la respuesta siempre es escribir.

Y cuando le pregunté cómo era capaz de escribir todos los días me dijo muy serio: «Todos los días veo algo que puedo vincular con su belleza». Aquello me parecía que tenía algo de genialidad, no ya porque después de cuatro años la chica quisiera algo con él, eso sólo me resultó una única historia de amor, que no es poco, pero lo que me llamó la atención de todo aquello era el simple hecho de escribir todos los días sobre un mismo tema. Todos los días escribirle algo a la misma persona. Día tras día, sin respuesta. Como un náufrago que trata de evitar la locura. Día tras día, alrededor de una misma idea. De aquella misma chica. Aunque en realidad no era sobre el mismo tema, era sobre cualquier cosa y después lo vinculaba a la chica, lo que haría con ella, en fin, lo que tocara ese día. Para que te hagas una idea, un ejemplo que me puso fue: «Si veo un coche que me gusta, le cuento sobre ese coche, dónde lo vi, por qué me gusta y después... le digo que lo que de verdad me gustaría es viajar con ella, en cualquier coche... lo que hago es apuntarlo para que no se me olvide». Aquello me pareció raro, tanto, quizá de tan simple, que me costó entenderlo. Pero a su vez, me pareció que era absolutamente genial y tenía, además, tres elementos que son joyas de la vida: la perseverancia, la ilusión y la confianza en uno mismo.

A la chica le gustaba recibir aquellos emails porque eran entretenidos. Le contaban cosas entretenidas y siempre había algo para ella. Eso aplicado a los negocios, era una bomba. Una demostración más de que vivir y vender es lo mismo. ¿Qué diferencia hay? Igual que respiras y eso no te preocupa, igual que vives, vendes. ¿Quieres recomendar un libro a tu prima? Estás vendiendo. ¿Quieres presumir de tu nueva cazadora? La estás vendiendo. ¿Quieres ir a ver una película concreta? ¿Un restaurante quizá? ¿Un apartamento en el centro en vez de eso que está tan retirado? ¿Mejor ése a las afueras para despertar escuchando pajaritos? Estás vendiendo, estás vendiendo, estás vendiendo. Este hombre estaba vendiendo. Se estaba vendiendo él. Lo que hacemos todos cada día. Pues generar ideas para vender es igual de preocupante que respirar. No hay nada de lo que preocuparse.

Varios años después y ya como copywriter, empecé a ver gente que era muy productiva generando ideas. Gente que escribe todos los días, que graba vídeos todos los días, que monta pódcast todos los días... Pero yo necesitaba algo para mí, algo que se adaptara a mí de una manera en la que yo pudiera estar cómodo. Y me acordé de este tipo. Me acordé de lo simple que lo hacía. Cualquier cosa le valía para escribir sus 300 palabras y vincularlas a su chica:

—Isra, al principio tardaba casi tres horas en escribir el email para ella, al final, lo hacía en menos de veinte minutos.

Aquello también se me quedó grabado. Era como andar, como hacer ejercicio, a más lo haces, más y mejor eres capaz de hacerlo. Entonces, te cuento cómo es mi sistema para generar ideas, es tan simple y tan sencillo de ejecutar que puede que te sorprenda:

1. Idea
2. Desarrollo
3. Persuasión

Este sistema que utilizo para crear emails, te vale también para pódcast, para vídeos, para artículos... En fin, que lo puedes aplicar a cualquier cosa. Lógicamente, te recomiendo que una de las que más utilices sea el email, por su gran rentabilidad, facilidad y rápida creación. Hacer vídeos, pódcasts y demás está genial, pero te llevará mucho más tiempo. Por la edición y todo eso, al menos para mí, es mucho mayor la inversión de tiempo.

Bien.

Al principio es posible que tengas cierto agobio, que te preguntes de dónde sacarás ideas para escribir de manera constante. Si no es tu caso, genial, pero si lo es, lo que te pasa es completamente normal y tiene solución. Ya te digo que es como respirar. Está todo ahí, en el ambiente. Como muchas veces en la vida, es la casualidad, la asociación de ideas o llámalo como quieras, la que nos lleva de un sitio a otro.

Lo que hago en mi sistema es apuntar todos los días dos cosas que puedan ser un mail. Sólo dos cosas. Empieza por ahí. Te vas a sorprender de la cantidad de cosas que pueden ser un mail, y tú sólo tienes que apuntar dos. Personalmente casi siempre lo hago como nota de voz en *wasap*. Tengo un canal creado sólo para eso. A veces también en alguna libreta, pero generalmente en el mismo móvil. Lógicamente, ahora escribo del tirón, pero te voy a contar cómo lo hacía al principio del todo, que fue extraordinario para mí y te recomiendo que hagas.

Idea

Primero apuntas la idea, ¿y de dónde sacas la idea?

Te voy a dar un listado y si estás con los ojos bien abiertos, sólo dos al día te van a parecer poquísimas. Es más, es muy probable que «pierdas» más tiempo en seleccionar con qué dos te quedas, que en encontrar dos ideas. Al principio te recomiendo apuntarlas, después todo esto fluirá solo. Puedes estar seguro. Cuando tú empiezas a conducir, las primeras veces piensas en que hay tres pedales y tú tienes dos pies, que hay una palanca de cambios y el volante y no atropellar gente que va con el puto patinete eléctrico, y mil cosas más. Después de muy poco tiempo, vas de un sitio a otro y no sabes cómo has llegado. Simplemente, sucede. Esto es igual.

Allá va.

1. **Noticias en la radio/pódcasts**: Cualquier debate que te llame la atención, cualquier rareza. Apunta eso que te llamó la atención, que era raro. Recuerda, apunta sólo una frase, un concepto, quita toda presión, no pienses en cómo vas a vender ni qué tiene que ver con tu producto o servicio. Olvida eso ahora. No pienses en ello. Sólo debes tener clara una cosa, si a ti te ha parecido raro, curioso, divertido, indignante, lo que sea... a miles de personas de ahí fuera les ha pasado exactamente lo mismo que a ti. Nos pensamos que somos muy diferentes a todos los demás, pero no lo somos. Así que, si te llamó la atención a ti, es seguro que le llamará la atención a más gente. Por eso en esta fase es tan importante que te limites a guardar la idea, que no se te olvide.
2. **Series/películas**: Una conversación, una escena... Es lo mismo que con las noticias. Lo mismo. Sólo apunta,

detén el vídeo si hace falta, apunta algo que te guste o guárdalo en el cajón de las ideas. Hay montones de escenas con conversaciones alucinantes que te darán un montón de argumentos. Procura verlas en solitario, puede ser irritante para tu compañía si tienes que parar la serie porque has visto una conversación que tienes que apuntar sí o sí. En todo caso, si en casa te dificultan tu avance, despide a tu pareja. Éste es un consejo sentimental no solicitado.

3. **Una conversación personal**: Todos los días hablamos con gente, ahí podemos tener un montón de emails. Si la conversación es demasiado plana, pues nada, pero en muchas tendremos la posibilidad de apuntar algún detalle. Anécdotas de algún viaje, un cotilleo interesante, una discusión con un jefe... Es importante que entiendas que una vez apuntes estas ideas, pasarás del agobio de no saber qué escribir a otro «agobio» mucho más rentable: no saber qué hacer con tantas ideas. De eso se trata. Yo antes escribía para otras listas de correo además de la mía, así que escribía varios emails todos los días. Y podía hacerlo por la sencilla razón de que apuntaba todas las ideas y luego, simplemente, daba los siguientes pasos que veremos más adelante. Ahora apunto muy pocas ideas, casi todo fluye solo, pero alguna vez apunto algo. En tu caso, te recomiendo apuntar todo lo que veas.
4. **Un viaje en metro, en bus, andando**: ¿No ves cosas curiosas cuando viajas? Pasa constantemente. Un tío con una camisa tres tallas más grande, un niño tan feo que dan ganas de regalarle una careta y decirle que Halloween es todo el año, que no se la quite. Lo que sea. Por absurdo que parezca, haz tu nota correspondiente. Absolutamente todo lo cotidiano nos sirve.

5. **Una cena**: Si sales a cenar, es muy raro que no pase algo. Desde algo genial para nosotros, como una discusión en la mesa de al lado, hasta un mantel que te recuerde a los de tu abuela. Debes entender que no hay nada mágico, ni nada que no puedas hacer, es simplemente una cuestión de mentalidad. Si miras la vida con ojos de escribirla, es todo muy sencillo. Si miras con la visión de hacer historias con lo que ves, todo, hasta las cosas más estúpidas, son historias. Y ésas son las historias que a la gente le gusta leer. La gente, cuando abre el mail, no quiere filosofía, tampoco que les llenes el buzón de imágenes y de «¡Oferta 50 %!» como si aquello fuera un catálogo. No... Lo que quieren es un poco de entretenimiento, algo que puedan entender. Ésos son los emails que venden, no dudes de ello. Los emails de seres humanos para seres humanos. Tenemos que asumir que la mayoría de los correos que recibimos son basura, o muy aburridos o muy comerciales. Tú no tienes que hacer nada de eso, no tienes que complicarte la vida. Tienes que contar cosas cotidianas, con tu propia personalidad, para conectar con un grupo de personas que aprecien eso y les guste tu estilo. No hay más. Y puedes tener la garantía cien por cien de que, si hablas como un ser humano y con tu personalidad, no tratando de imitar a nadie, ahí fuera hay un montón de otros seres humanos que van a simpatizar contigo, que van a querer comprar tus soluciones para ellos. Eso es así. Igual que otro montón te ignorará, incluso otros te tendrán manía y te molestarán con sus payasadas. Mientras no haya indiferencia, todo va bien.
6. **Recuerdos**: Aquí mucha gente entra en pánico, porque piensan que tienen que contar un montón de cosas personales o también les preocupa quedarse sin ideas.

No hay problema, primero cuenta aquello con lo que estés cómodo. Personalmente no tengo inconveniente en hablar de muchas cosas, no me preocupa mostrar mis defectos o problemas, pues no sólo venden, es que no es importante lo que piense nadie de ellos. Con esto no te digo que tú tengas que hablar de cosas personales si no te apetece, pero sí espero que lo que opinen los demás sobre tu pasado o tu vida en general no te preocupe lo más mínimo. Y es importante porque al mostrar esa nula necesidad de aprobación, vendes más. Funciona así. Pero bueno, si quieres utilizar pasajes de tu propia vida, ahí tienes un montón de ideas que debes apuntar. Recuerdos que son emails y esos emails, son ventas.

7. **Respuestas de suscriptores/clientes**: Aquí tienes una mina, a más correos mandes, más fácil es obtener respuestas para hacer nuevos correos. Ya sea para reforzar lo que vendas, para «discutir», para generar interés... las respuestas son extraordinarios argumentos para escribir emails. Te contaré algo curioso. Estos años he sacado montones de formaciones y todas se han vendido muchísimo. ¿Y sabes una de las razones? Porque sé lo que la gente quiere, porque escucho. Hay empresas que invierten barbaridades en estudios de mercado. Muy bien. Si mandaran emails diarios a sus consumidores, no sólo se ahorrarían ese dinero, es que sabrían mucho mejor qué quieren sus clientes que con una encuesta. Una encuesta es fría, sin embargo, responder de inmediato un email... eso es caliente... Ésa es la información más caliente del mundo. Pues verás muy pocas empresas aprovechar esto, hazlo tú.
8. **Libros**: Ésta es una de mis favoritas —vende mucho— por dos razones. Cuando tú hablas de libros a tu lista, la gente que te sigue lo valora mucho. Les estás dando

información, les hablas de cosas que te inspiran y si te siguen, eso es de su interés (cada vez que hablo de libros muchas personas me dicen que lo compraron al leer mi email) y les agrada. Si leen tus emails y les gustan, les gustará también que les hables de lo que te gusta leer a ti. Así que la primera razón es que estás dando valor sin regalar absolutamente nada de lo que sea que vendas. Hablas de libros de otros. La segunda razón es porque los libros «te regalan autoridad». Quizá sea absurdo, pero es así. Cuando tú hablas de un libro, de un buen libro que dice cosas muy interesantes, la gente lo asocia a ti. En mis emails hablo bastante de libros, porque me gusta y me inspiran, además lo hago —sin abusar, como todo— porque me trae ventas.

Como verás, tienes montones de ideas para escribir emails. Vivimos rodeados de emails. Cine, series, noticias, debates, radio, libros, salidas de ocio, viajes largos, viajes en metro, recuerdos, todo... Entonces, pongamos orden.

Volvamos al principio: apunta dos de esas ideas todos los días. No hagas nada más, no te agobies. Un par de esas ideas, guárdalas en tu móvil, en un cuaderno, en tu portátil, donde quieras. Sólo un par de ellas.

¿El siguiente paso?

Alrededor de esas ideas, sin presión, sin obligación... escribes entre 130 y 200 palabras. Lo desarrollas. Esto no es nada difícil. 130 o 200 palabras no es nada, nada. Además, es un ejercicio que mantendrá tu cerebro en forma, aprenderás a conectar puntos y desarrollará tu capacidad creativa. Es muy sencillo.

Te voy a poner un ejemplo. Ésta sería la idea que has apuntado: «Pareja discute en la terraza de un restaurante, porque ella le dice que nunca la escucha y prefiere estar viendo idioteces en el móvil. El tipo rompe el móvil». Ésta es una escena real que vi en una terraza. No tiene nada de especial, es muy probable que hayas visto esto montones de veces o tal vez tú hayas sido una de las personas protagonistas de esa discusión. Da igual, es algo tremendamente común y es un email y te ayudará en tu vida y en tu negocio y en absolutamente todo.

Si miras la vida con ganas de contar historias, verás que cosas así pasan constantemente a tu alrededor. La vida es una mina. No tienes que ser creativo, la vida ya es creativa. Ya lo es por ti. Tú sólo tienes que entrenar y observar para aprovechar esa creatividad y hacerla tuya, no hay otro secreto, no tienes que ser un genio creador ni nada parecido. No es verdad. Sólo ser una persona normal con los ojos abiertos dispuesta a mirar cómo puede aprovechar todo lo que le rodea para contar historias, para argumentar las ventas de su negocio o para resultar más entretenida entregando contenidos a su audiencia, sea de la forma que sea.

Desarrollo

Ayer me pasó una cosa curiosa. Más bien la vi, a mí no me pasó nada.

Si ponerte delante de otras personas a hablar en público es algo que te causa cierto nerviosismo, quizá podría interesarte.

Estaba tomando algo en una terraza. En la terraza no había demasiada gente, yo estaba solo y bueno, prefiero entretenerme mirando a la gente en la vida real que mirando a la gente en la vida del móvil. Ya me entiendes.

Todo estaba tranquilo por allí. Hasta que una pareja que tenía a mi lado, empezó a discutir.

—Nunca me haces ni puto caso. Prefieres mirar el móvil que escuchar lo que te estoy contando.

La tía se lo estaba diciendo a lo que parecía su novio. Él no decía nada y ella se lo repitió, todavía más fuerte y más enfadada.

Hubiera estado muy bien que mientras se lo decía, él siguiera mirando el móvil, pero la verdad, la estaba mirando a ella.

Cuando parecía que el tío le iba a dar la razón o pedir perdón o algo así, se levantó de la mesa y dijo:

—Estoy hasta los cojones de ti y del móvil.

Y lo estampó contra el suelo.

Ahí ya tienes 199 palabras. Es tremendamente fácil si apuntas todos los días un par de frases que puedan ser un email, y recuerda que casi todo puede ser un email. Lo único que tienes que hacer con cada idea que cuentes, lo único, es «rodearla» del contexto donde se dio. Es muy sencillo. Nadie te puede enseñar, sólo tú, con cierta práctica, serás capaz de hacerlo cada vez mejor y más rápido. Llegará un momento en que podrás escribir cualquier correo en menos de quince minutos. En esa segunda fase de construir un email, sólo tienes que rellenar esa idea, como te decía antes, «rodear» de palabras eso que tienes apuntado. Esa anécdota cotidiana que cualquiera de tus lectores entenderá.

Lo puedes hacer con todo. Si has apuntado el pasaje de un libro, simplemente cuenta de dónde ha salido ese libro, quién te lo recomendó, dónde lo has comprado, cómo lo estás leyendo, si en la playa, en la cama, si te lo ha prestado a alguien... de verdad, es muy sencillo. Ésta es la segunda fase y es tan fácil como la primera, ya tienes casi todo el mail.

Persuasión

Ahora vamos a la fase tres: vincular lo que sea que cuentas con lo que sea que vendas. Ésta es la parte en la que la gente tiene más problemas. En este punto debo darte una noticia mala y una buena.

Primero la mala. No hay un truco mágico, según vayas practicando y haciendo, serás mejor. Nadie puede hacerlo por ti. Nadie puede adelgazar por ti. Nadie puede ponerse en forma por ti. Esto es lo mismo, nadie puede hacer que esto lo hagas mejor excepto tú mismo y tu propia práctica. Cada vez será más fluido, más natural, más realista. Pero a pesar de que ésta es la «mala» noticia, lo pongo entre comillas porque el esfuerzo y la práctica es lo mejor que puede hacer un ser humano. Practicar y mejorar y avanzar. Pero mucha gente se rinde muy pronto, sin darse el tiempo suficiente para mejorar y ver los resultados. No se consigue nada importante sin esfuerzo.

Dicho esto, te puedo enseñar una manera más sencilla de hacerlo, lo que podríamos llamar buenas noticias. Haz este ejercicio...

Piensa en tu mercado. Imaginemos que tienes un negocio. Si lo tienes, perfecto y si no lo tienes, te lo imaginas alrededor de algo que te gustaría hacer. Alguna habilidad que tengas o un tipo de negocio que te gustaría montar. Piensa en lo que desea ese mercado y piensa en qué le duele. Divídelo simplemente en dos. Lo que quieren y lo que les duele. Ya está. No te compliques la vida. No hay mercado en el que no haya algo que la gente desee y algo que rechace. Siempre es así. Y ahora, utiliza el camino de lo que desean o el camino de lo que les duele para vender tus productos, servicios o cursos o lo que sea que quieras vender.

Ejemplo con el dolor:

Ayer me pasó una cosa curiosa. Más bien la vi, a mí no me pasó nada.

Si ponerte delante de otras personas a hablar en público es algo que te causa cierto nerviosismo, quizá podría interesarte.

Estaba tomando algo en una terraza. En la terraza no había demasiada gente, yo estaba solo y bueno, prefiero entretenerme mirando a la gente en la vida real, que mirando a la gente en la vida del móvil. Ya me entiendes.

Todo estaba tranquilo por allí. Hasta que una pareja que tenía a mi lado empezó a discutir.

—Nunca me haces ni puto caso. Prefieres mirar el móvil que escuchar lo que te estoy contando.

La tía se lo estaba diciendo a lo que parecía su novio. Él no decía nada y ella se lo repitió, todavía más fuerte y más enfadada.

Hubiera estado muy bien que mientras se lo decía, él siguiera mirando el móvil, pero la verdad, la estaba mirando a ella.

Cuando parecía que el tío le iba a dar la razón o pedir perdón o algo así, se levantó de la mesa y dijo:

—Estoy hasta los cojones de ti y del móvil.

Y lo estampó contra el suelo.

El tipo parecía muy tranquilo. Simplemente se levantó, dijo con calma que estaba hasta los cojones y estampó el móvil contra el suelo. Y eso que a esas alturas ya tenían bastante público porque toda la terraza estaba mirando...

He visto, muchísimas veces, ponerse mucho más nerviosos a bastantes de mis alumnos cuando les toca hacer una presentación en público, sobre todo antes de terminar el curso.

Se imaginan cosas como que van a perder la voz o lo van a olvidar todo.

Es normal, los nervios de hablar en público no siempre son fáciles de gestionar y perder la voz o quedarse en blanco en esa situación es muy estresante.

Si quieres tener la seguridad de...

Y ahí lo vinculas con tus servicios. En este caso, con un servicio o un curso para perder el temor que mucha gente tiene a hablar en público. Ahí ya tienes 316 palabras (tampoco te obsesiones con eso, pero alrededor de 300 es buena idea) que luego serán algunas más para acabar el mail.

Esta manera de mandar emails es tremendamente persuasiva. Mucho. Estás contando algo entretenido, cotidiano, algo que no es nada en concreto y le das un giro con los temores de tu cliente. Y según lo vayas haciendo mejor te traerá más ventas. Mucha gente utiliza el entretenimiento, pero luego no sabe cómo acabar el email, y es muy fácil, sólo tienes que poner temores o sueños para que resulte entretenido y además persuasivo. Ya está.

Sueños o temores. Temores o sueños.

Ejemplo de esto mismo, pero ahora con anhelos/sueños:

Ayer me pasó una cosa curiosa. Más bien la vi, a mí no me pasó nada.

Si ponerte delante de otras personas a hablar en público es algo que te causa cierto nerviosismo, quizá podría interesarte.

Estaba tomando algo en una terraza. En la terraza no había demasiada gente, yo estaba solo y bueno, prefiero entretenerme mirando a la gente en la vida real, que mirando a la gente en la vida del móvil. Ya me entiendes.

Todo estaba tranquilo por allí. Hasta que una pareja que tenía a mi lado empezó a discutir.

—Nunca me haces ni puto caso. Prefieres mirar el móvil que escuchar lo que te estoy contando.

La tía se lo estaba diciendo a lo que parecía su novio. Él no decía nada y ella se lo repitió, todavía más fuerte y más enfadada.

Hubiera estado muy bien que mientras se lo decía, él siguiera mirando el móvil, pero la verdad, la estaba mirando a ella.

Cuando parecía que el tío le iba a dar la razón o pedir perdón o algo así, se levantó de la mesa y dijo:

—Estoy hasta los cojones de ti y del móvil.

Y lo estampó contra el suelo.

El tipo, aunque pudiera no parecerlo, estaba realmente tranquilo. Tanto, que apenas se le escuchaba.

Cundo dijo lo de «estoy hasta los cojones» apenas se le escuchó. A mí porque me pilló cerca, si no, no le hubiese oído.

Es lo que les pasa a muchas personas cuando hay gente mirándolas, que apenas se les escucha. Pero cuando hablas en público, deben escucharte. Y eso tiene muchas ventajas. Tampoco hace falta gritar.

Lo importante, es lo que proyectas cuando subes a hablar a un escenario. Lo que percibirá la gente.

Muestras seguridad, confianza, resultas convincente... en definitiva, es una habilidad que cada día tiene más importancia, y las personas que la dominan tienen más y mejores oportunidades.

Si quieres aprender cómo hablar en público...

Esto funciona muy bien también. En vez de atacar por los temores, lo haces por los beneficios. Normalmente (ojo, esto no es ni mucho menos una regla fija) funciona mejor con los miedos, con el dolor, pero también funciona muy bien con los beneficios.

Es así de sencillo, tal y como lo has visto. Con la práctica lo irás haciendo mejor, no te agobies por eso. Estos tres pasos te permitirán escribir miles y miles de emails a lo largo de tu vida.

Dejar un legado.

Conectar de forma constante con una gran comunidad, crearla alrededor de esto. Te permitirá crecer como persona y como profesional. Y es algo tan marciano lo de escribir todos los días, que poca gente lo hace. Y es una de esas cosas que poca gente hace, pero que cambiará tu vida.

Te lo resumo en tres pasos.

1. **Dar con la idea**: Esta parte, que mucha gente ve difícil, es tan sencilla que si empiezas a mirar la vida con ojos de escribirla, se te acumularán. Apunta dos al día. No hagas nada más en esa fase. Sólo dos al día. Con un mínimo de interés por tu parte, podrás sacar dos buenas ideas al día. No tienen que ser cosas excepcionales. Puede ser cualquier cosa que te haya llamado mínimamente la atención, un recuerdo, en fin, lo que hemos visto.
2. **«Rellenar» la idea**: Una vez estés delante del ordenador (incluso lo puedes escribir entero por *wasap*, como te resulte más cómodo) coges una de esas ideas que tienes apuntadas y la pones en contexto. Si fue una noticia de radio, puedes contar lo que estabas desayunando mientras la escuchabas. De verdad, hazlo simple y sencillo, es lo que más vende. Las cosas más sencillas que la gente pueda identificar y no impliquen un esfuerzo. Es hacerlo sencillo. Entre 130 y 200 palabras para esta parte. Ahora ya tienes la base del mail, el «simple» entretenimiento.
3. **Vincular la idea**: Ésta es la parte en la que más vas a tener que practicar, pero si sigues los pasos que te es-

> toy dando no te costará mucho una vez pasado cierto tiempo. O con los miedos, o con los deseos. No hay más secreto. Vincula lo anterior con miedos o deseos. Eso es todo. A medida que vayas escribiendo, no necesitarás tener estos pasos en la cabeza, simplemente te saldrá solo, irá fluido. A ti puede que te lleve escribir 50 emails o 12 o 120, da igual, merecerá la pena. Es importante entenderlo, merecerá la pena.

Son sólo tres pasos. Un buen mail, un mail que vende, un mail que genera comentarios —eso serán más ideas para otros mails—, que genera ganas de leer más, sólo tiene esto. No te compliques la vida, hazlo simple, no es necesario seguir 200 estructuras complicadas ni nada de eso. Son solamente tres pasos. Así es como lo enfoco y así es como lo enseño. Tres pasos. Apuntas la idea, la rellenas, la vinculas. Hazlo como te estoy diciendo y verás los resultados. Lógicamente los resultados dependerán de lo bien que lo hagas (directamente relacionado con la práctica, lo harás cada día mejor), de la calidad de tu lista, del interés de la persona que lo reciba, del interés que tenga el mercado por lo que vendes... Pero el email marketing de calidad es esto. No es llenar el email de fotos y de colorines. Eso se hace cuando no se sabe lo que se hace, como si poner tu logo gigante en un email fuera a persuadir a nadie de nada. No funciona así. Hay que esforzarse más, hay que conectar más, hay que ir al fondo de las personas.

Así debe ser: sencillo, directo, entretenido y persuasivo. No hay más. Implementa lo que estás viendo en este libro, vete anotando tus ideas, vete viendo los pasos y no te compliques la vida.

Éste es mi sistema para escribir emails para que la gente lea y compre. Te lo expliqué lo más sencillo que pude, más sencillo no se puede hacer. Ahora vas a tener que poner de tu parte. Debes tener en cuenta todo lo que estamos viendo hasta ahora para que el email venda. Esta parte ha sido para desarrollar tus emails. Son tus microrrelatos. ¿Lo mejor? No tienes que impresionar a nadie ni ganar un concurso hortera en tu pueblo. No, sólo tienes que escribir. Ya está. No hay reglas para eso. No las hay. Marca tus reglas, haz tu camino, con tus expresiones y tu forma de ver la vida. Nadie es el dueño de las palabras. Tú las pones ahí, una tras otra, y vas construyendo tus 300 palabras.

No todos tus emails tendrán que incluir el entretenimiento (siempre y cuando no resulten aburridos, claro), pero todo eso lo vamos a seguir viendo en este libro. En esta parte, en este capítulo, sólo te quería mostrar cómo es posible escribir cada día emails muy persuasivos, marketing de respuesta directa. Es absurdamente rentable y efectivo. Eso sí, mucha gente no lo verá ni aunque lo tenga delante. Ni aunque lea esto un millón de veces creerá que esto es posible. Eso es bueno para ti.

Escribe todos los días. Aunque no mandes un email todos los días (cosa que te deberías plantear muy seriamente), debes escribir todos los días. Serás mejor en lo que sea que hagas, más creativo, te entenderás mejor a ti mismo, a tu entorno, será una enorme ventaja competitiva hacer este ejercicio. Hazme caso.

5

El mundo más aterrador del mundo

> Todo el que escribe una carta lo hace como una imagen de su propia alma. En todas las formas del discurso puede apreciarse el carácter del escritor, pero en ninguna tan claramente como en el epistolar.
>
> ANÓNIMO

Hay algo que dijo Simon Garfield, en su magnífico libro *Postdata*, que me dejó pensando unas semanas en mis paseos diarios de varias horas por las montañas. Dijo así: «El mundo sin las cartas sería un lugar aterrador y oscuro».

Claro, es fácil imaginar el horror de un hijo que marcha a una ciudad lejana cuando no había ninguna de las formas de comunicación actuales y sólo estaban las cartas. Sin ellas, sería como perderle del todo.

O pensar en la angustia de no poder contactar con tu amada, contarle cómo la sueñas, cómo la deseas, lo frías que son hasta las mañanas más soleadas de verano sin ella.

Sin cartas no podrías expresar tu amor, ni tu temor, ni tu enfado. Tampoco podrías informar de algún acontecimiento relevante ni ser informado de algo que podría cambiar el rumbo de tu vida.

Un mundo sin cartas, sin la palabra escrita, es una pesadilla. Creo que es fácil de imaginar y es fácil que cualquier persona cuerda esté de acuerdo con esto. En todo caso, si hay dudas al respecto, no hay paseo de tres horas por el monte que no ponga la cabeza en orden.

¿Y qué tiene que ver esto con el email actual? ¿Qué tiene que ver con las 300 palabras?

Lo tiene que ver todo, ya lo verás.

Mira.

Dentro de cien años, cuando ninguno estemos aquí (bueno, tú, yo sí pienso estar) la mejor forma de conocer a una persona será por lo que dejó escrito. Sus cartas, sus libros, sus emails. Si esa persona fue famosa, podrás ver sus entrevistas, podrás ver reportajes, lo que quieras, pero será su correspondencia lo que más te dirá sobre ella. Y lo será porque las personas tenemos muchas caras, muchos ángulos desde los cuales nos pueden observar, pero en cada carta descubriremos algo nuevo de la persona. He leído miles de páginas de todos los libros de Bukowski, era un autor muy autobiográfico, sin embargo, cuando leí su correspondencia, las cartas que mandaba a sus amigos, amantes y editores, descubrí a alguien nuevo. Por eso, el paso del tiempo me da la lección de que nunca podré conocer de verdad a nadie, nunca podré siquiera juzgarlo en profundidad, si no he leído su correspondencia. Si no he leído cómo escribe.

Las antiguas cartas servían para declarar una guerra, anunciar un tratado, comentar la cosecha, para hacer una declaración de amor anónima... Las cartas, en definitiva, han escrito el mundo. Durante generaciones, escribir y recibir cartas personales era un momento de ilusión por su gran intimidad. ¿Es posible hacer esto con el email marketing?

No igual, pero sí parecido y, sobre todo, mucho más masivo. Aunque hay que dar ciertos pasos.

Pero sigamos un momento con las cartas, que tenemos mucho que aprender de ellas sobre cómo sacar partido a nuestras 300 palabras. Es obvio que el destino de la carta es desaparecer, aunque muchos de sus mejores atributos van a quedar a salvo con el email. Se pierde cierto romanticismo, es cierto, pero podemos conservar muchas cosas, si sabemos cómo. Fue en la época romana cuando las cartas, por primera vez, mezclan lo personal con lo informativo. Que es, exactamente, lo que hago con mis emails desde el primer día. Si yo tuviera que escribirte una buena carta, escogería un papel claro, sin florituras ni nada que pudiera distraerte y una vez escrita, doblaría el papel con esmero, lo guardaría en un buen sobre, pegaría el sello y la cerraría pasando mi lengua por el borde. Sería todo un gesto de generosidad. Y no puedo negar que, para mí, sería desalentador pensar que la dejarías sin abrir o peor aún, que la abrieras y la dejaras de leer al segundo párrafo. Nadie escribe una carta personalizada pensando que ése será el resultado. Y ahí tenemos una lección impagable sobre la importancia de la ética del trabajo.

Quiero decir... yo puedo escribir un libro, hacer un curso u organizar un evento, lo que sea, y te puede gustar o no. Eso no es importante, ni tú, ni yo, ni nadie, debería preocuparse de la opinión suelta de una sola persona, porque hagas lo que hagas, aunque lo que hagas sea sublime, nada podrá impedir el descontento de algunos. Es parte del juego y no pasa nada. Sin embargo, hay una diferencia clave, algo que lo cambia todo, y es la ética del trabajo. Yo mañana puedo hacer un curso y te puede resultar decepcionante. No hay el menor problema ahí si yo pongo todo lo mejor de mí en él, si yo me esfuerzo, si yo trato de dar lo mejor. No será suficiente para que te guste, ni siquiera será suficiente para que triunfe, pero en tu fuero interno, aunque no te guste, sabrás que no traté de engañarte. Y ése no será consuelo para ti si sientes que tiraste el dinero, pero me asegura a mí una larga carrera. Es egoísta, lo sé, ¿pero qué clase de mundo tendríamos si no fuéramos egoístas antes que nada? La perseverancia y esa ética del trabajo de tratar de dar lo mejor son el único camino. Suena muy manido, es cierto, pero no deja de ser verdad. Si organizo un evento, voy a procurar que estés cómodo, que te lleves la mejor información y que vivas experiencias grandiosas. Puede que una vez allí, a ti esas experiencias no te gusten, que lo que has aprendido no te sirva de mucho y que en general, te haya resultado también decepcionante, pero siempre sabrás que traté de hacerlo bien. Porque si yo organizo un evento, te cobro 20.000 euros y te llevo a una tasca atiborrada de gente a comer patatas bravas, aunque te puedan encantar las tostas y las patatas bravas, sabrás que no me esforcé lo suficiente. Lo sabrás tú y lo sabré yo. Y eso acabará matando tu marca. Así que debes dar siempre lo mejor de ti, poniendo ética (de verdad, no *bienqueda*) a tu trabajo. A tu tiempo y al tiempo de los demás. Hay que esforzarse. Sólo así, incluso aunque haya decepcionados, que los habrá, tu podrás seguir avanzando y creciendo. Con ética del trabajo, con esfuerzo y respeto.

Y, por cierto, no es lo mismo esforzarse, que es algo que se ve y se nota en los resultados, que tratar de vender algo diciendo que te has esforzado mucho. Eso no le interesa a nadie. Lo que tú te esfuerces para hacer tu trabajo no es mi problema. Ni venderás mucho así. Grábatelo: el mercado no premia tu esfuerzo, premia el valor que aportas.

Aclarado esto, una buena carta tiene esas bases. Debe, entre otras cosas, tener ética del trabajo. Y supongo que en cierta manera esto es lo que pensó el gran copywriter Gary Halbert cuando estaba completamente arruinado. Se había recorrido todas las bibliotecas de su ciudad y de las ciudades de alrededor, se había estudiado todos los manuales de marketing sobre cómo hacer buena publicidad e hizo, una y otra vez, todo lo que le dijeron que había que hacer. Al fin y al cabo, se supone que eran los expertos. El problema es que todo eso no daba buenos resultados. Todas esas cartas que mandaba con aspecto de folleto publicitario acababan casi siempre en la papelera. Es lógico, el propio sobre ya olía a publicidad y nadie quiere leer publicidad. Así que pensó en algo que cambió su vida para siempre. En vez de hacer lo que todos los demás hacían, pensó: «¿Cómo mandaría una carta si mi vida dependiera de que la abrieran o no?». En cuanto se hizo esa pregunta tuvo claro que jamás podría seguir haciendo lo que estaba haciendo. Así que escribió y empaquetó las cartas como si fueran correspondencia personalizada. Tanto el exterior como el interior eran iguales a las cartas que le escribirías a un amigo. Se esforzó realmente. Puso la ética al servicio de su trabajo. No se limitó a hacer lo de siempre y a copiar por copiar. No. Puso todo su esfuerzo y todo su empeño. A partir de ese momento su vida cambió y se convirtió en uno de los grandes copywriters de la historia.

Eso mismo me pasó a mí cuando empecé con el email diario en el año 17. Mi vida, mi futuro, dependían de ello. Por tanto, no me puse a hacer publicidad, escribía los emails como se los escribiría a un amigo para que la gente empezara a leerlos. Ése fue mi enfoque y mi palanca, la desesperación de pensar: «Tienen que leer esto sí o sí y la mejor manera de que realmente haya posibilidades es que sea como el email personal que le mandaría a un amigo». Me gustó ver, años después, que me movieron las mismas desesperaciones que al maestro Halbert.

Por eso el buen email debe ser personal, fondo blanco y letras negras, nada más, porque se asemeja a la intimidad de la carta. Esos emails de las marcas con tantos colores y fotos se asemejan más al folleto publicitario que te dejarían en el parabrisas de un coche, y eso no puede conectar jamás de la forma en que conecta una carta, no se puede comparar al espíritu personal y romántico de una carta. Debemos parecernos a la carta. Cuando escribas tus 300 palabras, el alma debe ser la de una carta. Mucha gente no lo apreciará, pero tú debes dejar un poco de ti en cada palabra. No debe ser un folleto publicitario, debe ser una carta. El alma de una carta. Debes recoger el ánimo informal, amistoso, íntimo y apasionado de una carta. Nunca el del folleto publicitario en el parabrisas de un coche. Mira todos esos emails de muchas empresas y de muchas marcas personales, con todos esos colores, parece un catálogo de piscinas de verano, jamás tendrán la conversión de una buena carta personal. Mucha gente no entiende esto y supongo que así debe ser.

Y claro, es obvio que si mandas un email cada día a miles de personas, muchas de ellas se darán de baja, no lo leerán, no les gustará... Claro, así debe ser también. Pero fíjate en el poder del email que no parece publicidad, que yo mando cada día a las 15.27 horas desde el año 2017. Para miles de personas es lo más parecido a esperar una carta de las antiguas en el buzón de su casa, la diferencia es que ahora es en el buzón de la bandeja de entrada. La sensación no es exactamente la misma, pero el efecto es tremendamente potente. Si alguna vez se retrasa la herramienta que uso para enviar los correos y no sale a la hora prevista, sale a las 18.00, por ejemplo, tengo cientos de emails preguntando si ha pasado algo. La gente lo está esperando, es correspondencia no publicitada, es el email de un amigo y eso dispara las ventas, tiene un efecto incalculable escribir a miles de personas que te perciben como algo familiar.

El problema es que mucha gente asocia el email con algo laboral, algo del trabajo. ¿Lo más gracioso? Que esto ya pasó con las primeras cartas. Antes de los romanos, las cartas tenían casi siempre un sentido informativo. El email es algo tremendamente reciente, apenas lleva unos años, y se sigue asociando a algo laboral, profesional, está dando sus primeros pasos, en realidad. Muchos lo quieren enterrar, pero es sólo un bebé. Por eso cuando arranqué en el año 2017 sólo quería imitar a los romanos. Es grandioso ver cómo en el siglo IV antes de Cristo ya había gente dando muy buenos consejos para escribir buenas cartas. Un trato amistoso, sin distracciones, lenguaje sencillo..., consejos que valdrían para este mismo momento en el que lees esto. Y, sin embargo, hoy en día hay tanta gente dando tan malos consejos sobre cómo escribir buenos emails, que resulta tremendamente divertido. No hemos cambiado nada. Hay personas que lo ven y personas que no lo ven. Y tú y yo podemos tener opiniones muy diferentes sobre muchas cosas, pero algo que no es ni mi opinión ni la tuya, sino que es un hecho, es que la correspondencia que recibes de un amigo, el email que recibes de un amigo, tiene un impacto incalculable. Por tanto, nunca dejes de pensar en eso a la hora de escribir tus 300 palabras. Y ser un «amigo» no significa dar la razón siempre al receptor ni tratar siempre de agradarle, no tiene nada que ver con eso, muchas veces es justo lo contrario.

Además, es que hemos cambiado tan poco y eso es tan fascinante... En los mercados del medievo ya había gente, escritores, que instalaban su puesto como si fuera de fruta o de telas, y que vendían el servicio de escribir cartas. Y si no querías contratar su servicio, podías comprarles manuales para aprender a escribirlas tú, para hacerlo tú mismo. Esto empezó en Italia y luego se extendió por muchos más países. Los manuales eran de diferentes temáticas. Desde consejos de patentes, temas legales, cómo pedir perdón a una esposa enfadada... La gente tenía necesidad de expresarse bien por escrito y ya había gente vendiendo ese servicio o la formación.

Igual que ahora, ¿eran estos los primeros copywriters? No sé, tal vez.

Pero lo importante es observar cómo ya entonces aplicaban algo que siglos después no paro de repetir. Esto te lo cuento por si te sirve, por aportarte lo máximo posible: ellos cobraban mucho más caro el servicio que el manual para aprender. Esto es algo que tiene todo el sentido estratégico del mundo. Si quieres poner en valor tus servicios, no puedes, en ningún caso, poner tu formación al mismo precio o a un precio ligeramente superior. Para poner en valor tu formación, y para ponerte en valor a ti, si tu curso vale 500 euros, tú debes vender tus servicios por al menos a 3.500 euros. Es decir, multiplica tu tarifa por seis, por siete o por ocho. Y eso no es nuevo, me resultó fabuloso descubrir que ya lo hacían estos grandes hombres del medievo.

La palabra escrita es luz, es paz, es sexo, es dolor y amor y pasión y competición y curiosidad y libertad y todo lo que recorre a un ser humano desde el primer chispazo de vida y hasta el último aliento. Toda la luz y toda la oscuridad que nos acompaña. Nada, todo es la nada si no lo podemos escribir.

Por eso, imagina qué horror un mundo sin correspondencia, un mundo sin palabras. E imagina lo que puedes alcanzar si sabes armar tus 300 palabras y entregarlas a los demás, cada día.

6

Mandar un email en frío. Cómo calentar las 300 palabras

Cuando llegaba a casa después de salir algunas noches, mi padre siempre estaba levantado. Siempre. Sentado en una de las dos sillas blancas que decoraban aquella cocina perfectamente cuadrada, limpia y recibiendo el sol de cada mañana colándose por sus cortinas de tela fina y crema. Tomaba café y escuchaba la radio. Muchas veces me miraba y no me decía nada, sólo «buenos días». Pero siempre me hacía sentir bien. Siempre me hacía sentir seguro. No me puedo imaginar esa cocina sin mi padre sentado, escuchando la radio y mirándome serio al llegar, «buenos días». En su mirada se notaba el alivio del hijo que llega entero a casa, la mirada de un padre que te hacía sentir tranquilo con su presencia, bastaba con eso. «Buenos días.» Entonces yo me iba a mi cuarto y trataba de dormir un rato pensando en muchas de las cosas que habían pasado en la noche. En la cantidad de drogas, alcohol y gentuza que me habían rodeado cada día sin hacerme un solo rasguño, siempre a salvo gracias a la idea inquebrantable de que no podía fallar a mis padres. Había sido un inútil en el colegio, no tenía ningún futuro, mi único interés era estar encerrado en mi cuarto, fumando, pensando en la mujer sueño y en conquistarla escribiendo. No había mucho más para mí ahí fuera. Y lo que me exigía a mí mismo cada día era no fallar a mis padres. Sólo eso, todo eso. No disgustarlos con decisiones estúpidas. Así que aprendí a cuidar de mí para llegar sano y salvo siempre a casa. Que pudieran estar tranquilos. No era un deportista, ni encajaba de oficinista, ni valía para trapecista, sólo era un adolescente desubicado que soñaba con ser estrella de rock o escritor superventas. No había otra cosa en mi cabeza, quería tener éxito y como no sabía hacer nada, pensé que una buena forma de lograrlo sería escribiendo relatos o canciones. Apenas sabía escribir, era semianalfabeto y soñaba con ser un supervendedor de libros. Era irónico y tierno agarrarse al sueño escritor sin saber escribir. Pero era mi sueño y era mi mujer sueño y era mi forma de aferrarme a la vida en sueño para tratar de entenderla y soportarla. Y en mis sueños mandaba yo, los gobernaba y domaba y dibujaba. Nadie podría entrar ahí y destruirlos. Eran más duros que el que dicen que es el metal más duro del mundo, el tungsteno. Mis sueños eran de tungsteno. Eran tan inalcanzables e irreales, que eran indestructibles. Y eran tan íntimos y estaban tan profundamente unidos a mí, que nadie me los podía arrebatar. No se los dejaba a nadie. Eran mi intimidad. Ni el ejército de Estados Unidos, con sus mejores cazas, sus armas más tecnológicas, sus hombres más fuertes, podría haber destruido mis sueños. Eran sólo míos, de nadie más. Eran una propiedad privada inembargable e inconfiscable y eso hace libre a un hombre, le hace fuerte. Como fuerte era el silencio de mi padre.

Me enseñó muchas cosas y la más poderosa fue el silencio. Escuchaba mucho más que hablaba, con su presencia imponente, serio, mirada inteligente, su metro noventa, su tatuaje enorme en el brazo en la época que llevar tatuajes era de hombres duros y sus pocas ganas de aparentar más de lo que veías. No le divertían los jaleos en casa ni iba nunca a casa de nadie. Le gustaba estar con su familia, no le interesaba la gente, en general. Siempre me decía: «No vayas a casa de los demás, que molestas». Me fijaba mucho en él, en sus silencios, en cómo se comportaba, en lo poco que le gustaba la masa amorfa, nunca participaba de las fiestas, ni iba a romerías donde la gente hacía colas para que le dieran paella gratis, ni a los bares a gritar con los partidos de fútbol, era (y es) un tipo sensato al que no le gustaba la gente.

Entre sus múltiples trabajos, tuvo varios de vendedor. Y muchas veces me llevaba con él. A mí me fascinaba verle vender, hablando lo justo, manejando los silencios, sin mostrar ninguna necesidad, sin parecer un vendedor. Estaba muy alejado de la imagen que a uno le pintan de niño del vendedor charlatán, él no era eso, era todo lo contrario, sabía manejar la situación, tenía una enorme psicología. En la época en la que más le acompañé, él vendía vino por restaurantes. Era comercial de vinos. Mientras el resto de los vendedores iban con su traje y su maletín y hacían cola para hablar con el encargado, mi viejo iba con una camisa abierta, con vaqueros, con una libreta y con pinta de darle igual que le compraran o no. De golpe, sin abrir la boca, había derribado muchas de las objeciones que tiene la gente ante un vendedor y que tienen que ver, precisamente, con el hecho de que sea un vendedor que les vaya a dar el coñazo para venderles algo. A la gente no le gustan los comerciales, no le gusta la gente que trata desesperadamente de venderle algo y le hace perder el tiempo. Pues mi viejo, con su aspecto informal y sus pocas ganas de hablar por hablar, derribaba de golpe buena parte de esas resistencias. Los encargados salían a recibirle cuando entraba él, porque no se comportaba como se supone que se comporta un vendedor. Era una estrategia muy inteligente.

Hacía algo muy sencillo. Cuando llegaba, daba la sensación de que se estaba marchando. Con su actitud corporal, incluso con sus palabras («tengo el coche en doble fila» o cosas similares), no daba, jamás, la sensación de que fuera a hacer perder el tiempo a nadie. Por tanto, la gente se relajaba, él ya no era una amenaza.

Siempre que lo sabía, llamaba por el nombre a la persona, y si no lo sabía, lo averiguaba.

Si era la primera vez que iba, su presentación era extraordinariamente breve, apenas hablaba nada de él, ni siquiera de lo que vendía, pero sí contaba alguna cosa curiosa relacionada con el vino. Sabía mil millones de anécdotas del mundo del vino, siempre contaba algo curioso y breve.

Jamás criticaba a la competencia, ni hacía sentir a su potencial cliente que había tomado malas decisiones por comprar una cosa u otra, siempre le hablaba desde un punto de vista positivo.

Después, dejaba caer por qué era él la persona adecuada para llevar a cabo esa parte positiva que previamente le había dibujado en la cabeza.

Siempre, siempre, le hacía una pregunta que fuera muy fácil de responder y a partir de ahí, mi padre apenas hablaba y sólo escuchaba.

Se despedía de forma breve, dando por hecha la venta. Fluida, de forma natural. Era la gente la que le pedía que le llevara tal y tal cosa. En ese punto sólo tenía que llevar la libreta para tomar nota del pedido. No había hecho «nada». Era un tipo que pasó por allí sin mostrar ningún formalismo ni necesidad, que daba por hecho que le tenían que comprar a él. Tenía una seguridad envolvente. Una vez me dijo: «Lo más importante es cómo digas las cosas. Si las dices convencido, te van a creer. Si te muestras inseguro, no te creerán, aunque les estés diciendo una verdad más grande que la vida. Di las cosas con seguridad».

Lo vi montones de veces y le salía bien en gran parte de las ocasiones, no siempre, claro, pero muchas veces. Era realmente muy bueno, muy natural, muy fluido.

Mi viejo me enseñó el poder del silencio. El poder de no parecer un desesperado, él iba a los sitios con la mentalidad de «tranqui, ya me voy, no te necesito».

Otra cosa que me enseñó es a no ser un gorrón ni un impresentable. Una de mis frases favoritas de las que me decía es: «Si no tienes dinero, no salgas». Me gusta lo que encierra, era su forma de decir: «Si quieres disfrutar de las cosas, debes trabajar por ellas, no debes esperar que los demás te las paguen». Y desde entonces no sólo me he tomado muy en serio esto, sino que desprecio profundamente a los hombres que no pagan la cuenta. Pero bueno, esto da para otro libro, para otra ocasión...

Ahora sería bueno ver qué hacer con todo esto para mandar emails en frío. Un email en frío, es ese tipo de correo que mandas a una persona por primera vez, que no lo espera y que casi nunca sabrá quién eres. Por ejemplo, un email para intentar tener una reunión con un jefe de compras o un email para que un periodista se tome un café contigo.

Pensemos. Hay muchas formas de acercarse a alguien. Hay muchas formas de abordar una situación y depende de muchos factores elegir una u otra. También es cierto que muchas de esas cosas no se pueden controlar. Sin embargo, escribir un email en frío a alguien es una de esas que, si las hacemos con la estrategia adecuada, hay muchas posibilidades de que nos vaya bien.

Lógicamente, también hay muchas formas de escribir un email en frío. Yo te voy a contar ahora la que aprendí de mi padre sin saber que estaba aprendiendo (que es, muchas veces, la mejor forma de aprender). Esto lo aplico desde hace años con un absurdo porcentaje de éxito. Insisto, no es la única forma de hacerlo, pero es una muy buena.

Son, simplemente, los ocho pasos que hemos visto antes adaptados a la situación del email. Pueden parecer muchos, ocho pasos, pero verás que el email debe ser muy corto. Estará por debajo de las 300 palabras la mayoría de las veces.

Paso 1 - En el título hablar del poco tiempo que necesita invertir en nosotros el destinatario.

En el titular para un email en frío debe quedar muy claro que le vas a robar muy muy poco tiempo. Ya sabes, «tengo el coche en doble fila». Mostrando la sensación de que no te piensas enrollar. Debes hacer eso a la vez que le generas curiosidad. Pero en estos casos, me gusta mucho que en el asunto (el titular) se refleje claramente que vas a robarle muy poco tiempo.

Por ejemplo:

«El email más corto que vas a leer hoy y, sin duda, uno de los más productivos».

Éste es el tipo de asunto que funciona muy bien para un email en frío en el contexto adecuado. Otro titular que funciona realmente bien es... no poner titular. Dejarlo en blanco. Sí, tal cual, no pones nada en el asunto y eso hará destacar tu email en la bandeja de entrada del receptor. De esto no abuses, pero no tengas dudas en utilizarlo, funciona muy bien.

Paso 2 - Tratar siempre de averiguar el nombre.

Conocer el nombre de la persona a la que escribes, en este caso, sí está bien. Insisto, en este caso, pues estamos hablando de un email en frío que haces llegar a una persona en concreto. Para emails masivos NUNCA hay que personalizar el envío, pero de eso hablamos luego. En este caso es buena idea que puedas averiguar el nombre. LinkedIn puede ser un buen lugar. En caso de no tener el nombre, no pasa nada, saludas con un «hola» nada más empezar el email y listo, no hay que complicarse más. Por supuesto, nada de saludos reverenciales ni otras horteradas de hombres con el pene metido hacia dentro. Dices «hola» y punto. No te pongas traje y corbata, sé educado pero informal y directo.

Paso 3 - Presentación breve como polvo de conejo.

En este punto se falla muchísimas veces. Mucha gente cree que debe hacer una amplia presentación para aumentar el interés del otro. Y es justo lo contrario: no te conozco de nada, no me interesa lo más mínimo que te enrolles y me cuentes tu vida. Esto es así: hasta que no has despertado su interés tú no le interesas. Por tanto, no pongas un párrafo enorme con todos tus logros, puestos, estudios y demás. Es lo peor que puedes hacer. No vas a impresionar a nadie. A no ser que acabes de bajar de la luna agarrado a tu pene en forma de cohete, puedes estar seguro de que no vas a impresionar a nadie con una presentación muy larga y centrada en ti. Diría que es casi una falta de respeto mandar un email en frío para decirle a la gente lo guapo e importante que eres. Es pretencioso. La presentación en un email en frío debe ser de una línea. Dos como mucho. Algo así:

Hola.
Mi nombre es David, soy trapecista.

O si ya nos venimos un poco arriba es algo así...

Hola.
Mi nombre es David, soy trapecista y me dedico a asesorar a otros trapecistas a conseguir sus objetivos con el trapecio.

Punto. Ya está. No me interesan los quinientos circos donde hayas trabajado, ni me interesan los doscientos países que hayas recorrido con tu trapecio, ni me interesan los premios a mejor trapecista del siglo XX, nada, eso no me interesa. Tiene que ser muy breve para ver rápidamente *qué hay de lo mío.*

Paso 4 – Golpe de curiosidad.

Éste tiene que ser también muy breve. Es simplemente un detalle que genere curiosidad en torno a lo que haces y pueda ser beneficioso para la otra persona. Para entenderlo bien, si, por ejemplo, vendes pantallas de ordenador que protegen los ojos, un golpe de curiosidad breve sería decir:

Hay estudios que demuestran que nuestra capacidad visual desciende un 20 % más rápido si utilizas pantallas más de dos horas al día.

A ver, esto es un ejemplo tonto, no tengo ni la menor idea de cuánta visión se pierde, simplemente es para que entiendas a qué me refiero. Esto encaja muy bien en un email en frío, lo he probado con este paso y sin él y los resultados, en general, han sido mejores introduciendo el paso 4. Es como si rebajara cierta tensión e hiciera muy bien de puente entre el paso 3 y el 5. En todo caso, tengo que insistir en que para que esto funcione debe ser muy breve y orientado a un beneficio para el lector. Con esto logramos cierto entretenimiento porque la mayoría de los emails en frío son tremendamente aburridos (igual que las presentaciones comerciales de los representantes de ventas, por eso a mi viejo le funcionaba muy bien contar alguna anécdota breve, entretenida y alejada del encorsetamiento de presentar un catálogo terriblemente aburrido). Ya sabes, esos emails que dicen: «Muy señor mío...», o cosas como: «Creemos que te podemos aportar nuestra visión y valores», y lo acompañan de gráficas y cosas así. La mayoría de los emails en frío van en esa línea y son terribles. Ésa es la verdad.

Paso 5 - Aportación positiva.

Éste es un punto importante y también hay muchos fallos que he visto después de analizar muchos emails en frío. Cuando tú escribes a alguien por primera vez, cuando es un email en frío que la otra persona no ha pedido ni se ha suscrito a ningún sitio para recibirlo (o sea, se lo mandas porque a ti te da la gana), es una muy mala idea empezar a señalar errores. A nadie le gusta que llamen a su casa para decirle lo tontos que son sus hijos o que vaya cortinas más ridículas tiene. Que esto no le gusta a nadie es algo en lo que seguro que estamos de acuerdo. Cuando tú vayas a aportar algo, debe ser siempre desde un punto de vista positivo sobre lo que se podría mejorar, no desde el punto de vista de: «Vaya basuras que haces, ven que te lo soluciono». Por mucha razón que estés seguro de tener y por mucho que creas que es la mejor forma de hacérselo llegar, por las bravas hay un problema: es muy probable que, si lo haces así, la otra persona se ponga a la defensiva. Y no queremos a nadie a la defensiva. Le queremos relajado, es importante esto. Si voy a escribir a una empresa que vende muebles y el catálogo es más feo y aburrido que una guía de teléfonos, no le digo lo feo e inútil que es su trabajo, les digo algo tipo:

He visto vuestro catálogo y añadiendo un par de detalles, pueden resaltar mucho más algunos de los muebles.

Esto es aportar en positivo. Aunque el catálogo te parezca lo peor y tu intención sea cambiarlo entero. En un primer email, hazlo con calma.

Paso 6 - El adecuado.

Este paso, también muy breve, como todos, es simplemente para decir por qué tú eres la persona adecuada para potenciar ese beneficio que hemos dado en el punto anterior. Le dices algo como:

Con cambiar un detalle que he visto en tu web, podría mejorar mucho su posicionamiento. Te lo digo porque llevo años haciendo esto y es algo que a mucha gente le pasa desapercibido, pero es muy importante.

Ya está, muy breve y sencillo también. Sin mostrar necesidad, sin esperar su validación y aprobación, sin mandarle tu CV, nada, de forma muy sencilla se lo haces ver.

Paso 7 – La respuesta fácil.

Éste es el paso más importante de todos. Vamos a suponer que todo lo anterior lo hemos hecho bien, ahora hay que cerrar con una pregunta muy fácil de responder. ¿El motivo? Porque éste sí que es el fallo más habitual de los emails en frío. La mayoría de las veces, cuando mandamos este tipo de emails «exigimos» mucho al otro. Ya sea una reunión (¿por qué alguien que mereciera la pena le dedicaría su tiempo al primer desconocido que le escribe?), ya sea para directamente vender algo, para pedirle el contacto de un superior... Sea lo que sea, la mayoría de las veces nos puede el ansia y se le pide demasiado a la otra parte. Éste es uno de los factores más importantes que arruinan los emails en frío. Ponte en el lugar del otro, tú puedes creer que tienes la mejor de las soluciones, la mejor de las ideas, que eres la persona adecuada, lo que tú quieras, pero la otra persona recibirá decenas de emails al día y tiene que hacer mil cosas. Siempre hay que ponerse en esa situación. Es muy complicado que en un email en frío, en el primero de todos, cierres una reunión. ¿Puede pasar? Claro. Hay muchas formas de hacer las cosas y también puede pasar que en un primer email, sin que el otro sepa quién eres, cierres una venta o una reunión, pero es mucho más complicado. Teniendo en cuenta esto, durante un tiempo pensé alguna buena forma de obtener el mayor número de respuestas posibles para estas situaciones, porque si conseguía tener una primera respuesta, todo lo demás sería mucho más sencillo. Conseguir esa reunión, esa entrevista para un medio, lo que sea. Hay que pensar que, si buscas financiación para tu proyecto, no es buena idea que me pidas dinero en el primer email si no sé absolutamente nada de ti. Vas a tener que ser muy bueno, mucho, para que te preste la más mínima atención, por no decir el dinero, claro. Entonces la idea de todo esto es hacer una pregunta que sea muy sencilla. Pero no del tipo «¿nos reunimos?». No, me refiero a algo que pueda responder sin esfuerzo. Si el email lo has redactado bien, has sido muy breve y has despertado el interés, te responderá a la pregunta y a partir de ahí, todo fluirá. Algo que se pueda responder con un SÍ o un NO. Algo tipo:

¿Utilizas InDesign para maquetar tus catálogos?

Éste es un ejemplo para que me entiendas. Debe ser algo sencillo, algo fácil, que no cueste energía pensar en ello. La pregunta no debería ser: «¿Qué presupuesto del año pasado fue invertido en publicidad online en el mercado chipriota?». Eso ya lo tendría que buscar, se tendría que molestar. Tampoco vale un: «¿Qué herramientas utilizas para medir tus ventas recurrentes en internet?». La pregunta sería: *«¿Utilizas esta herramienta?»*. Y le preguntas por una en concreto. Nosotros lo que pretendemos es que sea una reacción rápida, algo sencillo, algo que no le lleve esfuerzo. No tiene que ser una pregunta abierta, debe ser una pregunta cerrada. Algo para lo que bastaría un SÍ o un NO. Esto es lo que tenemos que lograr de un email en frío: una respuesta. Ése es el objetivo. Para dar pie a muchas más cosas, pero, de entrada, sólo una cosa clara: escribir pensando en obtener una sola respuesta. Ya está.

Paso 8 – Despedida.

Y para acabar, una despedida muy breve, algo tipo «Un saludo, hablamos» es más que suficiente.

Con estos 8 pasos, puedes escribir emails en frío realmente efectivos. Como te decía el principio, no es, ni mucho menos, la única forma, pero ésta es muy muy buena. Llevo años con ella, la he aplicado para muchas personas diferentes, tengo montones de clientes que la han utilizado con mucho éxito, y merece la pena conocerla. Y he visto, desde crío, cómo esta estructura funciona también para lo presencial, para la puerta fría. Un email de este tipo debe tener menos de 300 palabras. No significa que no pueda tener más, pero veo complicado que te vayas a mil palabras y logres que lleguen hasta el final con un email en frío, a no ser que escribas uno especialmente bueno y muy bien dirigido. Así que te recomiendo 300 palabras como mucho. Y si es la mitad, mejor. Una buena idea es escribirlo todo del tirón y luego vas recortando. Lo importante es que con esta estructura he logrado que me respondan a la gran mayoría de los emails en frío que mando. Y una vez responden a ese email, luego es mucho más fluido todo lo demás. Recuerda, una sola y sencilla respuesta, no necesitamos más, de momento.

Lo importante, no es que haya muchas formas de acercarse a alguien, lo realmente importante, es acercarse a alguien y hacerlo bien.

Yo he utilizado los emails en frío para mi propio negocio montones de veces. Cuando estaba empezando y ni mi madre sabía que tenía una web, tenía clara la estrategia. Necesitaba visibilidad, necesitaba que la gente conociera lo que hacía. La mejor forma para lograr eso era que me entrevistaran en pódcasts y para ello necesitaba mandar emails en frío. Si yo, cuando escribía esos emails, los hubiera escrito en un tono de «soy admirador», no habría conseguido nada. No me cansaré de repetir que hay que salir de nuestra cabeza y entrar en la del otro. Si una persona tiene un programa de cierto éxito, recibirá muchos emails. Entonces, ¿qué beneficio tiene para él otro email más diciendo lo que te gusta su programa y lo que te encantaría participar? Ninguno, sería un email más en su bandeja de entrada, eso no serviría para nada. Ésta es la realidad. Sin embargo, si yo salgo de mi cabeza y entro en la del conductor del programa podría pensar que esa persona estará pendiente de grabar buenos contenidos para su audiencia, para aumentar su audiencia, para fidelizarla, para dar lo mejor que pueda y ese tipo de cosas. Para eso tienes un programa, o al menos para eso lo tiene alguien serio, para dar contenidos de calidad a su audiencia. Sabiendo esto, lo que hacía era preparar un email con la estructura de un gran email en frío con el siguiente enfoque:

—Estudiaba su audiencia.

—Le ofrecía algo concreto como: «Podría hablar de cómo hacer tres tipos de titulares para aumentar un 30 % las aperturas con casos reales». O sea, le ofrecía algo que le podría interesar a él y a su comunidad, no a mí.

—Después le decía que, en caso de no interesarle, le agradecía que me lo dijera para poder contactar con algún otro canal y listo. Ésa era mi pregunta de fácil respuesta. Un sí o un no. Si les interesaba (muchas veces así era) ya en el siguiente email se cerraba.

Un email muy breve y que me empezó a reportar un montón de entrevistas. Es cierto que al principio en canales muy pequeños, pero, ¿qué importa eso? Lo importante era empezar a girar la rueda.

Ventajas del pódcast: una vez empiezas a salir, tienes un goteo constante de suscriptores, son gente mucho más proclive a comprar tus soluciones mucho más rápido y con más conversión que en publicidad. Te han escuchado en otro sitio, eso te da autoridad a sus ojos. Los pódcasts son como vallas publicitarias. Puedes hacer una entrevista hoy y que dentro de un año alguien te diga: «Te acabo de descubrir en...». La razón es que cuando un nuevo oyente se engancha a un pódcast, escucha todos los episodios y en uno de ellos, apareces tú. Si dices algo que le interese, y así debería ser si el público es potencial cliente, irá a conocerte. Esta estrategia es para el medio plazo, pero es la más rentable que puedes hacer.

Levanté mi negocio a base de emails en frío, de emails de menos de 300 palabras. Eso fue totalmente al margen de mi email diario a la lista de suscriptores, lo hacía para aumentar esa lista. Y cada vez más entrevistas, cada vez más gente que me seguía, cada día un correo... 300 palabras, todo se basa en 300 palabras. Lograr esa reunión, convencer a ese inversor, que te saquen en un medio, tener una cita con la mujer más guapa de tu barrio... 300 palabras.

Pienso en eso cada día, cuando llega la noche y miro la cocina del lugar donde esté. La cocina que toque. Siempre me han gustado las cocinas, son emocionales y salvajes y se folla y se come y se discute y cómo cambian a lo largo de la vida, cómo cambian a lo largo del tiempo, cómo cambian gracias a 300 palabras.

7

Mi novia loca y diagnosticada

Una vez tuve una novia que estaba como un cencerro. Yo tendría unos dieciocho o diecinueve años y ella treinta y uno. Entre otras muchas cosas tenía trastorno bipolar diagnosticado por un tribunal médico. Estaba tan loca que siempre me decía:

—Los engañé, los hice creer que estoy medio loca y así me dan la baja permanente.

Pero no los engañó, estaba realmente loca. Un día estaba con mi amigo Timy en una cervecería y varias personas salieron fuera. Entraban riéndose. «Hay una tía ahí fuera discutiendo con una farola», «una loca está gritando a una farola diciéndole que se aparte de su camino» y cosas así. Timy y yo nos asomamos. Una chica muy guapa con una chaqueta de cuero estaba en la acera pidiendo explicaciones a una farola sobre por qué estaba ocupando ese espacio y no otro. Que el mundo debe ser móvil para todos. Una cosa muy rara. Estaba discutiendo en serio, no había duda al respecto. Timy se empezó a descojonar:

—Vaya loca.

—Es mi novia.

—No, venga, en serio...

—En serio.

—¿Es tu novia?

Le miré serio. Era mi novia. Se hizo un silencio.

—Sí, llevo saliendo con ella unos dos meses. Está algo loca. Pero me gusta.

—Si a ti te gusta, no digo nada.

Sé lo que estaba pensando Timy, que la tía era una loca y que yo estaba peor que ella por ir por la vida con una persona así, pero me tenía respeto y no me dijo nada. En cualquier caso, a mí me gustaba, en ese momento de mi vida estaba bien así y era muy guapa. Cuando tenía dieciocho años, la personalidad de las mujeres no era un tema que me preocupase mucho. Me fijaba más en otras cosas.

El día que la conocí, le dije a los cinco minutos de conocerla: «Me gustas». Yo nunca he sabido más técnicas para ligar que ser directo y decir la verdad. Si me gustaba alguien y el contexto permitía decírselo, eso es lo que hacía. Y la verdad, funciona. Cuando le dije: «Me gustas» ella me miró algo extrañada, sonrió y me dijo:

—Dicen que estoy loca. Incluso los médicos lo dicen, aunque a ésos los engañé para que me den la baja permanente y no tener que aguantar a nadie. Me gusta tener sexo todos los días. Si no, me disgusto y lo paso mal. ¿Tú me lo harás pasar mal?

—Nunca.

Y empezamos a salir.

Con el tiempo, apliqué esto en muchas de mis 300 palabras. Es el concepto de «mando».

1. Mando

Es un tipo de email para sentar unas bases claras, por ejemplo, es ideal para el email de bienvenida en una lista de suscripción. Es un ángulo realmente eficaz. Dices claro lo que vendes, o que escribes a menudo, lo que sea. Tú pones las reglas. Es tu casa. Esto siempre funciona muy bien porque muestras seguridad desde el principio. He trabajado en muchas listas con comienzos del tipo: «Hola, ¿cómo estás?», «Me alegra mucho que estés aquí», «Para mí es muy importante tenerte...», y no funciona. Eso es una horterada. Es una manera de mostrar necesidad y la gente lo ve hipócrita. Es infinitamente mejor (y mucho más vendedor) ser amable, pero establecer las normas de tu negocio con naturalidad. Ése es el objetivo de un email de mando. Mostrar sinceridad y no buscar la aprobación de nadie. Si te gusta bien, si no, no pasa nada, te das de baja. Pero tú vendes y mandas mails. Y lo dices. No te disculpas por ello.

Ésta es una muy buena manera de empezar en una lista donde la gente se ha suscrito, claro. Si es para mandar un email en frío a alguien que ni te conoce ni te lo ha pedido, esto puede quedar bastante mal y no venir a cuento. Hay que entender los contextos, siempre hay que entenderlos. Este email «mando» es ideal para recibir a la gente. Quien se queda, sabe que estás ahí para vender, nadie se siente engañado. Y puedes estar seguro de que mucha gente agradece esa sinceridad y esa manera clara de hablar. Quien prefiera engaños, que se apunte a otra lista.

***

Mi novia loca y diagnosticada tenía muchos miedos. Quizá más de lo habitual, y lo que era seguro es que los expresaba constantemente. Tenía miedo por si la dejaba, tenía miedo por si la atropellaba un coche, o por si no se despertaba una mañana o por si su madre no la reconocía. Algunos miedos eran absurdos, otros profundos, pero eran miedos. Todos tenemos miedos y ella parecía tener todos los miedos.

—Isra, tengo miedo de que me dejes.

En ese instante supe que la iba a dejar, pero todavía no había decidido cuándo. Dejar a una loca y diagnosticada es algo complicado. Te sientes muy responsable. El caso es que ese «Isra, tengo miedo de que me dejes» me puso algo triste. Era una persona que vivía con miedo, debe ser horrible vivir con miedo a todo. Pero la realidad es que la gente vive con muchos miedos, la mayoría. No hay que aprovecharse nunca de ellos, al menos, no deberíamos, pero sí debemos conocerlos para poder darles una solución.

2. Miedo

Debes conocer los mayores miedos de tu potencial cliente, da igual el miedo que tenga. ¿A quedarse calvo? ¿A una inversión muy elevada? ¿A engordar? ¿A no vender? ¿A la soledad? Da igual, tu cliente tiene miedos y puntos de dolor. Muéstralos en tus 300 palabras. En tu email. Debes saber cuáles son sus miedos, debes estudiarlos. Si no conoces sus miedos, lo que le quita el sueño cada noche, nunca podrás hacer email marketing efectivo. Debes conocer sus miedos. Éste es otro ángulo muy efectivo y persuasivo para tus 300 palabras.

***

A pesar de estar loca y diagnosticada, mi novia loca y diagnosticada era una persona profundamente inteligente y había logrado cosas importantes en su vida. A veces me preguntaba cómo, pero las había logrado. Era una tía que hablaba cuatro idiomas, tenía dos carreras y conocía veinticinco países. Era un milagro que no la hubieran detenido en alguno de ellos, pero allí estaba aquella tarde, conmigo, tomando cervezas en el centro de Madrid.

—¿En qué idioma quieres que te hable?

—En el que quieras, pienso mirarte las tetas igualmente.

—Gilipollas, en serio, podría hablarte en cuatro idiomas diferentes. Y podría hablarte de los veinticinco países que he visitado.

—Eso está muy bien, yo no he visitado ninguno, a no ser que en el que has nacido se considere visita, entonces he visitado uno.

—No, ése no se considera visita, ése se considera nacimiento.

—Muy bien.

—Tú no has visitado ningún país y yo he visitado veinticinco. Tú no has ido a la universidad y yo tengo dos carreras. Realmente, hacemos muy buena pareja.

—Desde luego, tú tienes dos tetazas, y yo ninguna.

Seguimos bebiendo cerveza. Mi novia loca y diagnosticada sabía cómo darse autoridad de forma diferente, cómo dejar claro que no era ninguna idiota. Eso me gustaba de ella, que me demostrase todo eso que sabía de forma diferente. Yo no sabía muchas cosas, pero sabía que me gustaban sus tetas, por ejemplo.

3. Autoridad

Los emails de autoridad son extraordinarios para mostrar nuestros conocimientos si sabemos hacerlos bien y somos diferentes. Si lo haces realmente distinto, atractivo. Por ejemplo, una buena idea muy simple es citar algún libro, porque refuerza esa autoridad. Cuando hablo de autoridad, no lo hagas de cualquier forma, no lo vulgarices, nada de poner ahí un montón de logos. Eso lo hace cualquiera, la gente no se queda con eso. No es lo mismo poner el logo de BMW porque has trabajado con ellos (por cierto, hay empresas que deben ser clientes de todos los consultores de España, todos tienen los mismos logos), que contar que trabajando con BMW llegaste tarde a la primera cita porque no sabías que tenían un parking propio para visitas. Yo qué sé, me lo estoy inventando. A lo que me refiero es a que lo cuentes de tal forma que no sólo te dé un montón de autoridad, sino que además la gente pueda recordarlo. Así que no olvides utilizar tu autoridad, la que sea que tengas, en algunos de los emails cuando vayas a construir tus 300 palabras.

***

Una de las cosas que me gustaban de mi novia loca y diagnosticada es que era muy graciosa. Hacía cosas muy raras, como buena loca, pero muchas de esas cosas eran graciosas y espontáneas. Un día la acompañé a un concesionario.

—¿Para qué quieres ir a un concesionario si no tienes carné de conducir?

—Así me motivo.

El caso es que fuimos y nos recibió un comercial con un traje tan barato que yo, sin tener ni idea de trajes, sabía que era barato. El pobre mostraba necesidad hasta estando en silencio y después de enseñarnos dos o tres coches nos metió en un despacho, también pobre, también gris, también necesitado. Ese comercial tenía menos personalidad que una silla blanca de plástico de chiringuito chungo de playa. Empezó a hablar mirando la pantalla del ordenador sobre financiación, cuotas y todo eso que convierte la vida en una agonía. Mi novia loca y diagnosticada me vio la cara de aburrimiento y decidió intervenir.

—Me gustaría manifestar mi descontento y decepción por el devenir de los acontecimientos en esta reunión.

El comercial silla de plástico blanca de chiringuito dejó de mirar el ordenador y puso la cara que pones cuando una avispa te está rondando las pelotas. El mundo es un lugar incierto cuando una avispa te ronda las pelotas. La situación era rara, la loca y diagnosticada estaba buena y lo acompañaba un tipo de casi dos metros que no decía nada, sólo miraba. Cuando su mujer le preguntase qué tal el día, supongo que se sentiría más aventurero que Indiana Jones. Con un hilo de voz preguntó:

—¿Cómo?

—Que me cago en la puta.

Me puse la mano en la frente y me empecé a reír. Empecé a reír como un loco. El comercial silla blanca de chiringuito se empezó a reír también y luego se unió la loca. Allí estábamos los tres riendo como bobos.

—Era una broma.

—Ah, vale, pensé que algo la había molestado.

—No, no, nada. Sólo era para animar un poco el ambiente.

A la salida le dije que estaba loca, que todo aquello parecía una película en la que yo estaba acompañando a una exbailarina de striptease que debía dejar las drogas para recuperar la custodia de su hija.

—Fui bailarina de striptease.

—¿En serio?

—En serio. Pero lo dejé, estaba lleno de babosos.

Nos fuimos a un hostal. Ya sabes.

4. Chiste

Me gusta meter algún chiste malo en algunos emails. Son tan efectivos que si la gente lo supiera, lo harían mucho más a menudo, posiblemente abusando de ello y perdiendo su efectividad. Te explico brevemente...

La mayoría de la gente, cuando escribe emails, lo hace pensando que al otro lado no hay una persona, sino un «puesto». Por ejemplo, es como pensar que no nos leen personas, sino un director de banco o una ejecutiva de una multinacional. Ésos son los puestos, pero detrás, en la bandeja de entrada, está la persona. Si tú le cuentas un chiste, una broma, pasan dos cosas. Si consigues hacerla reír, la conexión que se genera es única. Y si sencillamente le parece malo, no pasa absolutamente nada, le has parecido igualmente una persona natural, alguien que no tiene miedo ni espera su aprobación. Es por eso que funciona tan bien. Si sonríe genial, pero si no lo hace, pensará: «No se corta».

La gente es tan protocolaria que aburre muchísimo. Utiliza tu sentido del humor e inclúyelo de alguna manera de vez en cuando. Puede ser un chiste o una especie de gracia. No lo fuerces, simplemente piensa en algo que a ti te hiciera reír, un meme, un chiste, un juego de palabras de alguna amiga, de tu madre, de tu primo, lo que sea y ponlo. Sin miedo. Utiliza tu propio sentido del humor. Lo que a ti te haga gracia. No pienses en si al otro le hará gracia o no. Pon lo que te haga gracia a ti.

***

Aquella tarde estaba cansado y tenía ganas de tocarle los cojones a mi novia loca y diagnosticada. Era fácil, sólo tenía que hacerle alguna pregunta cuya respuesta yo sabía y también sabía que era imposible que ella supiera.

—¿A que no sabes a qué edad me fumé mi primer cigarrillo?

Nunca se lo había contado, ella no lo podía saber y no era de esas personas a las que le gustara jugar a las adivinanzas, entonces se irritaba. A veces lo disimulaba y otras, no. Pero viendo sus reacciones, no fue difícil darme cuenta de que, si haces una pregunta a alguien, sobre todo si es algo que desea, como quitarse un dolor concreto o tal vez obtener algún tipo de placer, si le haces la pregunta concreta y la respuesta la tienes tú, es algo tremendamente persuasivo. Me pasaba las tardes experimentando con mi novia loca y diagnosticada porque era muy inteligente y reaccionaba de muchas formas, y eso es muy sencillo de aplicar para tus emails, para tus 300 palabras. Puedes ir directo a la psicología del lector y hacerte realmente mucho más deseable.

5. Pregunta

Una pregunta directa. Haces una pregunta directa al principio de tu correo. En las dos o tres primeras frases ya has tenido que hacer la pregunta. Le puedes preguntar, por ejemplo: «¿Cómo puedo posicionar mi página si la acabo de estrenar?». Esto es un ejemplo, vale para cualquier dolor, para cualquier pregunta que se haga tu cliente. ¿Y dónde está la respuesta? La respuesta está al final del email, pinchando en el enlace... Es decir, la respuesta eres tú. Es tu producto, tu servicio. Es una asociación de ideas muy simple pero que funciona muy bien, es muy efectiva.

Es muy sencillo. Investiga tu mercado, piensa en la pregunta que más se hacen y asocia la idea de que la respuesta es tu servicio/producto. Se puede hacer en absolutamente todos los mercados. Así que piensa en la pregunta más importante de tu nicho y no se la respondas... Que la respuesta sea lo que vendas.

***

Mi novia loca y diagnosticada y yo estuvimos viviendo juntos un mes. Algo menos en realidad. Como unas vacaciones largas, por así decirlo. Con ella nada parecía cotidiano, nada parecía normal. Le gustaba tener el cepillo de dientes en la encimera de la cocina. Lo utilizaba en el baño, pero según ella, si lo dejaba en la encimera de la cocina, no se olvidaría de lavarse los dientes. Yo había escuchado muchas veces eso de que «uno atrae lo que busca», ¿estaba yo buscando locas? ¿Estaban todas locas? ¿Era yo el loco? No me importaban demasiado esas respuestas y cuando algo no te importa demasiado, lo dejas rápido. A mí lo que me gustaba era verla en pijama, sin maquillar, verla cocinando o leyendo o viendo alguna película. Nunca me han gustado las discotecas, ni la música ruidosa ni las fiestas de más de dos. Entonces, en la ropa tirada y en la cama sin hacer y en la luz del domingo entrando en el cuarto y en los silencios previos a la discusión y en mi vaso y en mi sillón favorito, es donde estoy bien, en lo cotidiano. Me gusta el halago cotidiano, el sexo cotidiano, el amor cotidiano, las disputas cotidianas, la tormenta y la calma cotidianas, el olor cotidiano del café y el paseo de vuelta a casa. Me gusta mi presencia y tu piel y nuestro calor. Amo la vida cotidiana y no los viajes. Ni salir de mí para excitarme ni querer vivir más intenso. Lo intenso está dentro, en la tormenta y la calma cotidianas. Y abrir la puerta de la habitación y verte en la cama, como si nunca te hubieras movido de ahí y sentarme cerca, apartar tus piernas suavemente con una mano y acariciarte mientras te pregunto qué tal el día. Porque la noche, ya sabemos que no podría ser mejor.

6. Cotidiano

Hay muchos emails que puedes hacer con «la escena cotidiana». Me gusta llamarlo así. Lo puedes adaptar al potencial lector al que escribas. Piensa cómo es tu público. Quizá profesionales liberales, amas de casa, adolescentes, jóvenes emprendedores, ejecutivas... No sé, lo que sea, piensa en general, tampoco te compliques mucho la vida. Por ejemplo, piensa si es gente que trabaja bastante entre semana, con jornadas largas fuera de casa... Y que a esas personas, cuando llega un viernes o un sábado, pues seguramente les apetezca tomar una cerveza, desconectar... Cuando nosotros escribimos así, lo que hacemos es establecer conexiones reales con gente real. No un email tipo «¿Qué tal tu fin de semana, Ricardo?». Eso no es real. Eso es falso. Si tú hablas en un mail de llegar a casa, abrir una cerveza y pedir una pizza, lo que haces es poner un espejo en el viernes noche de millones de personas. Eso es lo que conecta y ésa es la confianza con la que después llegan las cosas.

No hace falta hablar de tu viaje a la India (aunque no significa, ni mucho menos, que no lo puedas hacer) ni de tu facturación de un millón de euros. Les puedes decir que estás cansado, que te tomas una cerveza y ves una serie. Es prácticamente imposible que tu público no entienda algo así. Pero recuerda, debes empezar el email diciendo muy rápidamente por qué deben seguir leyendo, dales su motivo.

***

Mira, cuando yo salía con mi novia loca y diagnosticada, el feminismo no era como ahora, no era una secta, no era un movimiento político al que lo último que les importa son las mujeres. A lo que voy es que el conflicto, vende. No rehúyas temas polémicos ni tengas miedo a dar tu opinión. Yo, por ejemplo, no conozco ni una mujer inteligente que se sienta representada por las políticas feministas de la izquierda. Repito, no conozco ni una sola mujer inteligente que se vea representada por ese feminismo. No tengo ningún problema en decirlo. Que son una secta de la que las primeras víctimas son las mujeres y después, toda la sociedad. Pues el feminismo no tiene que ver con las mujeres. Lo han llamado feminismo como lo podrían haber llamado gofres con chocolate, nada tiene que ver con las mujeres. Es un movimiento sectario de enfrentamiento social. Antes estaba la lucha de clases, eso ya no tiene sentido, ahora ésta es la guerra definitiva, hombres contra mujeres. Es ficticio, puro relato manipulado.

Esto ya se decía en la novela *1984*: si enfrentan a la sociedad, la dividen y si la dividen somos mucho más vulnerables porque creemos que el Estado es el que nos tiene que proteger. Es demoniaco. La gente que compre el relato victimista de las mujeres está insultando su inteligencia. En definitiva, el feminismo es un insulto a la inteligencia de las mujeres.

7. Conflicto

Y los emails de conflicto funcionan realmente bien. Un email donde muestras un desacuerdo, donde alguien pone en duda lo que haces, tu propio trabajo. No tengas el menor temor a poner opiniones negativas sobre ti o tu trabajo. Llevo enseñando esto desde hace años porque funciona. Es un mail en el que muestras confianza, tanta como para no sólo no esconder lo que te dicen, sino que lo haces público y lo rebates.

El conflicto vende y aquí no se esconde una crítica. Si tienes comentarios de conflicto de algún suscriptor, utilízalos, piensa en algo que genere controversia en tu nicho y posiciónate. Posiciónate de verdad, sin miedo. Y vende tus beneficios, claro.

***

El día de los zapatos fue muy raro. Había discutido con mi novia loca y diagnosticada, llovía a mares y salí a mojarme un rato. Habíamos discutido porque ella quería que nos fuéramos a vivir juntos y pagar el piso a medias. Y yo le dije que mientras no pudiera pagar el piso solo, no había piso. Ella me llamó machista y antiguo y todas esas cosas. Pero es que a mí siempre me ha dado vergüenza la idea de pagar a medias. Ella podría tener todo el dinero que quisiera, guardarlo o gastarlo en camisetas, no sé, lo que quisiera, pero si yo no podía mantener una casa, no había casa. Poco tiempo después podría y duramos menos de un mes, pero ésa es otra historia. El caso es que ella salió a buscarme, cayendo una lluvia de mil fines del mundo y salió descalza. Cuando la vi venir descalza, me la imaginé con dos pequeños paraguas puestos del revés, uno en cada pie, con los dos mangos apuntándole al coño. Joder, estaba muy loca.

—Isra, vengo a pedirte perdón. Ojalá hubiera más tíos como tú. Esperaremos a que tú puedas mantener la casa.

—Vas descalza.

—Es muy bueno para la circulación.

—¿Ir descalza?

—Ir descalza.

—Venga, vuelve a tu casa, te acompaño.

—No, mejor vamos a una zapatería. Así aprovecho.

Me estaba imaginando la escena: «Señora, ¿le metemos los zapatos que no lleva en una caja o prefiere irse con los nuevos?». Cuando llegamos a la zapatería y la vieron entrar descalza, me miraron a mí como si fuera un irresponsable del centro médico que ha dejado escapar a una loca y encima la lleva descalza. Ya sabes, ese tipo de mirada, de «¿cómo puedes permitir esto?». El caso es que mi novia dijo:

—Uso un 40, me vale cualquier modelo, con la que está cayendo... Jajajaja...

Yo miré al dependiente y sonreí sin decir nada. A partir de ahí, todo fueron excusas. Que si los modelos estaban en el almacén, que si no quedaban de ese número, que si un poco más abajo había una zapatería que tal vez... Nos estaban rechazando y lejos de enfadarme, los observé divertido porque conocía a mi novia y sabía que a ella esas pocas ganas que tenían de que les comprara nada estaban aumentando sus ganas de comprarles cosas. Al final les compró unas chanclas del 43 y volvimos a su casa mientras yo seguía pensando en paraguas puestos del revés y en mangos y en coños.

8. Rechazo

Quiero que te quedes con este ángulo para un gran email, funciona extraordinariamente bien porque invitas al potencial cliente a que te rechace. Puedes hacerlo diciéndole a tu mercado que no te contrate si sólo ha visto tu opción, por ejemplo. En ese caso, le pides que no te contrate, que mire más. ¿Qué volvemos a demostrar con eso? Seguridad y falta de necesidad. Y la seguridad y la falta de necesidad venden. Ojo, no hagas eso y luego le persigas. Tienes que ser firme, si no el email no te servirá de nada.

Si lo haces bien, aumenta inevitablemente el deseo del lector por contar con tus servicios o tus productos o lo que sea que le vendas. Eso sí, no te recomiendo para nada utilizar este tipo de email en un primer contacto. Si no te conocen de nada y les rechazas, es casi seguro, a no ser que lo hagas extraordinariamente bien, que sencillamente te rechacen ellos a ti.

***

Me contó que cuando era pequeña, una de las cosas que más le gustaba era estar horas tumbada imaginando cosas. Yo me preguntaba si ya estaría loca por entonces y según me hablaba, no paraba de pensar: «¿Un loco nace o se hace?». Me contaba que le encantaba irse a la cama, algo que muchos niños odian, porque así empezaba el rato de pensar. Era su gran momento del día, el rato de pensar sin que nada ni nadie pudiera distraerla. Y me lo contaba ahora, de adulta y la imaginaba de niña, hablando sola y sonriendo y guapa y loca. Todos hemos tenido infancia, hasta los cuerdos, si es que hay alguien cuerdo.

9. Infancia

Este email funciona muy bien y es muy sencillo. Lo único que haces al comienzo, recuerda, al comienzo, justo después de darle el motivo para que te lea, su motivo egoísta, es empezar con una historia que lleve al lector a su infancia. Y le debes dar un plano muy general. Si lo haces bien, llevas al lector justo a ese espacio de infancia, te lee con una sonrisa y eso despierta emociones muy útiles para vender.

Usa una historia del colegio o de la infancia en tu email, en tus 300 palabras, entretenida y sencilla, en la que puedan verse reflejados montones de personas. Utiliza un profesor tipo, algo que todos los niños hagan, una historia de preadolescencia... Debe ser algo en que la mayoría vea un reflejo claro de su propia infancia. No algo raro. Un profesor *marimandón*, un *gafotas*, los recreos del colegio jugando a la comba o la pelota... Algo que sea general, y lo enlazas con lo que sea que vendas. También vale alguna serie famosa de la época de tu lector medio, ese tipo de cosas te transportan a lugares donde luego será sencillo conectar.

***

—No te lo vas a creer, ¿sabes qué venden en algunos supermercados de Londres?

—Qué —respondí a mi novia loca y diagnosticada fingiendo un interés que no tenía.

—Bocadillos de paella.

—Venga, no me jodas. ¿Cómo van a vender bocadillos de paella?

—Te lo juro, lo he leído esta mañana en el periódico.

Aquella noticia parecía más una idea de ella que una noticia de verdad, pero aunque estaba loca, no era mentirosa, así que estaba seguro de que la había leído. Estuvimos hablando de los bocadillos de paella una semana entera. Las cosas curiosas, aunque nos resulten estúpidas, nos encantan.

10. Curioso

Un mail con una noticia curiosa funciona muy bien, cuentas algo llamativo y lo asocias a tu producto/servicio. Si puedes, utiliza alguna noticia relacionada con tu sector. Busca en Google noticias curiosas relacionadas con tu nicho y haz un email. Simplemente es una curiosidad, ¿a quién no le gustan las noticias curiosas? Eso hace que la gente luego tenga más ganas de leer tus emails. Son entretenidos, curiosos...

La gente disfruta de esas cosas y deberías utilizar alguna noticia curiosa para tus 300 palabras. Yo lo hice montones de veces, para mí y para clientes. Aunque te recomiendo no consumir noticias por un tema de salud mental, siempre puedes descubrir alguna curiosa que te sirva para dar forma a un buen email. Recuerdo un email que mandé para un cliente que vendía seguridad y mantenimiento, sobre que la policía de algunas zonas de China no utilizaba perros (me ahorré el chiste) y que habían sustituido los perros policía por gansos policía. Esa idiotez funcionó muy bien porque es muy fácil de digerir para nuestro cerebro y muy fácil de compartir. «¿Sabes que los chinos no llevan perros policía, sino que llevan gansos policía?» Me imagino diciendo eso a un montón de gente en un montón de situaciones diferentes.

Como cualquiera de los otros emails, adáptalo a tu mercado, vale para cualquiera.

***

Siempre me contaba historias de su padre. Falleció cuando mi novia loca y diagnosticada tenía diecinueve años. Le pedí que me contara la del amanecer. Era una historia preciosa donde su padre, algunas mañanas, sacaba a su hija de la cama muy temprano y le decía: «Vamos a ver el amanecer». Ella, con unos catorce o quince años, protestaba un poco, aunque sabía que iba a merecer la pena. Entonces se la llevaba a algún rincón de la sierra, a las afueras de Madrid, y se sentaban los dos esperando el amanecer. Y cuando aparecía el sol, le decía: «Después de lo oscuro, siempre hay una luz y después de cada dolor hay un aprendizaje para hacerte mejor. Si te esfuerzas por ser mejor cada día, siempre encontrarás una luz, hasta en los momentos más oscuros. De ahí sacarás la fuerza, de esforzarte en ser mejor cada día. Cuando creas no tener fuerzas, ni ganas, debes poner un poco de ti misma para ir avanzando. Y quiero que sepas que tú eres capaz de cualquier cosa». Después, le contaba alguna historia que pudiera inspirarla, de sí mismo o de alguna persona que él conociera. Eso lo hacía de vez en cuando, una vez al mes o algo así, se llevaba a su hija a ver el amanecer para contarle historias y que supiera que ella era capaz de cualquier cosa, de lograr cualquier cosa. Mi novia loca y diagnosticada me gustaba cuando me contaba historias de su padre y su padre, también me gustaba.

10. Motivador

Y es que la motivación es un motor imprescindible en nuestras vidas. Por eso los correos electrónicos que inspiran y que motivan tienen extraordinario resultado. Supongo que la razón psicológica que hay detrás de todo ello es que cuando inspiras a las personas, tienen muchas ganas de tomar acción y de cambiar sus vidas. Y por ello, venden. Sólo debes vincular esta historia inspiradora con lo que sea que vendas. Piensa en algo que te motive y escribe sobre ello.

Historias de inspiración las puedes sacar de un montón de sitios, libros, películas... En fin, que no hay problema en eso. Escribe de vez en cuando emails con historias motivantes y las vinculas con tu producto o servicio. Insisto, son emails que funcionan muy bien.

Te voy a poner un ejemplo de uno que mandé a mi lista hace años, este correo funcionó tremendamente bien. Y recuerda, sólo hay que mirar la vida con ojos de escribirla. Éste es:

Mira.

Esto que te voy a contar es muy bueno para vender online.

El otro día estaba sentado en un pub, leyendo al gran Tom Wolfe, con una pinta de cerveza, y en la mesa de al lado había dos chavales de unos veinte años.

Uno de ellos le insistía al otro:

—Pero tío, ¿qué tienes que perder? Dile que te gusta, el no ya lo tienes.

El otro asentía, pero no demasiado convencido.

Ese consejo se suele dar con buena intención. El del NO ya lo tienes. Pero es mentira. No tienes el NO.

¿Cómo que no pierdes nada?

¿Y el orgullo?

¿Y la ilusión?

¿Y la vergüenza?

¿Y tu corazón en el charco?

Se pierden muchas cosas cuando te gusta alguien secretamente y en la cara te dice «NO».

Con esto no digo que no se tenga que intentar, ni mucho menos, pero voy al mensaje. Al mensaje que intenta persuadir a la otra persona para que haga algo.

«Lánzate. El NO ya lo tienes.»

Es un mensaje pobre. No es un buen argumento. Que sea bienintencionado no significa que valga.

No resulta estimulante. Leo un montón de páginas de ventas que dicen: «Yo te ayudaré».

Pues vale.

Ahora te voy a contar lo que le escuché decir a un tipo a su hermano, que era muy tímido.

—Ve a por ella. Te va a decir que NO.
—¿Entonces, para qué voy a ir a por ella?
—Porque es mucho más importante perder el miedo que perderla a ella. El miedo es tuyo, ella no.

Así hierve la sangre del indeciso.

Así se motiva.

Así se «dibuja» dentro de las cabezas humanas.

Con aquello el tímido se vino arriba.

Fue a por la chica, la chica le dijo que NO, claro.

Porque además de tímido era feo y pobre. Demasiados rotos para un mismo traje.

Pero aquel día, dejó de ser cobarde. Así que dejó de ser pobre y feo.

Porque el atrevimiento siempre es atractivo. Siempre.

Sólo requiere algo de tiempo y unas cuantas hostias. Para darle forma.

Para los que entienden la belleza (y la enorme rentabilidad) del rechazo, y también entienden la rentabilidad (enorme) de ser atrevido, tengo un curso...

Copywriting para atrevidos.

Este email lo utilicé para vender un antiguo curso que hace años quité de la venta. Es una historia verdadera de principio a fin, escuché esa conversación en una cervecería cerca de mi casa —anoté la idea— y la vinculé con una historia personal. Si tú tienes alguna historia personal de motivación debes utilizarla para algún email, pero si no te ves capaz de ello al principio, no te preocupes, en muchísimas películas o libros tienes un montón de buenas historias de motivación que inspiren. Conviene, como en todo, no abusar de ese concepto. Y conviene que sea muy realista dentro de la inspiración. Algo que pueda ser posible, para entendernos. En su justa medida está muy bien. Debes tener en cuenta que estamos inundados de casos de éxito y de historias demasiado grandilocuentes. Por eso es importante no abusar y sobre todo hacerlo de manera realista.

***

«No puedes regalarte, tu valor debe ser entregado a muy poca gente y con cuentagotas.»

Ésta era la manera que tenía de decirme mi novia loca y diagnosticada que su amiga María estaba cada día con un tío y que se estaba desquiciando.

«No puedes regalarte, tu valor debe ser entregado a muy poca gente y con cuentagotas.»

11. Escasos

Años después, pienso muchas veces en lo de «regalarte» o «dar el valor con cuentagotas». Esto tiene una enorme importancia en las ventas y en cómo vendemos por email con nuestras 300 palabras. Tiene una explicación sencilla. Como ya te he comentado, las mejores campañas de email marketing utilizan ciertas dosis de entretenimiento en sus mensajes. Mails donde entretienes como parte importante del mensaje, porque todos sabemos que si la gente se aburre, no compra. Pero lo que no podemos hacer, ni mucho menos de forma constante, es regalar un montón de valor en nuestros correos. Nosotros tenemos que dejar a medias, no tenemos que regalar nuestro valor. Esto es muy contraintuitivo porque si tienes un negocio y empieza a formarse online, casi todo el mundo te dirá que tienes que dar un montón de valor para que la gente vea lo bueno que eres y por el sentimiento de reciprocidad. Esto no funciona así, puedes hacer con esta información lo que quieras, pero eso no funciona así. Tú no tienes que dar un montón de valor, tú tienes que saber venderte. Algo bastante sencillo que muchos no parecen entender es que si tú vas a un supermercado y te dan una pequeña muestra de queso y el queso te gusta, comprarás una pieza. Pero si te dan a probar el queso entero, te llenas, das las gracias, pero no compras más. Ya te has llenado. Hay que dar una pequeña muestra. Está muy bien aportar al mundo, pero debes dejar ciertas cosas para la gente que paga. Porque además los que pagan siempre avanzan más, pues lo gratis se valora poco.

Pero de vez en cuando, sólo de vez en cuando, pongamos una vez al mes para hacernos una idea, mando un mail con mucho contenido de valor. Una verdadera lección gratuita que podría ser de pago. Me explico: mucha gente me dice que con mis mails aprenden mucho, que doy mucho más valor del que digo. Puede ser, pero sobre todo lo será para las personas que ya tienen alguna de mis formaciones. Para los demás, es posible que también, pero sobre todo hay mucho entretenimiento. El cómo hacer las cosas, realmente cómo se deben hacer, lo dejo para las formaciones. Pero muy de vez en cuando, mando un mail con «mucho valor».

Te recomiendo una cosa, si vas a empezar a escribir a tu lista o a construir una para escribirles a menudo, de esto no abuses. Vamos, lo mejor es que vayas probando, nadie mejor que tú para ver qué te funciona y qué no te funciona, pero te recomiendo que no regales mucho valor en cada una de tus 300 palabras, no sólo porque es lo que hace casi todo el mundo, es que lo normal es que tus ventas se resientan. Esto es así. Si lo regalas todo, si no tienes medida, la gente luego no te compra.

Entonces, ¿por qué mandar de vez en cuando un mail con una alta dosis de valor? Muy sencillo, es un golpe de autoridad. Es una manera de dejar claro: «Sé muy bien de lo que hablo». Todo lo que lean después de eso mostrará tu alto conocimiento sobre el tema del que hables. Y repito, es muy importante no abusar. La tentación puede ser grande porque cuando mandes mails de este tipo mucha gente te felicitará. Dirán que eres la hostia, muy bueno, muy profesional etc., etc., y si no sabes manejar tu ego, puedes verte arrastrado a escribir muchos mails regalando tu información. Te recomiendo que vigiles eso. Las palmaditas en la espalda no pagan las facturas.

He tenido alguna racha de aumentar el «valor» de mis emails años atrás y mis ventas lo han notado, y no para bien. No debes regalar tu trabajo, así no ayudarás a la gente ni te ayudarás a ti. Si lo haces, cosa que te recomiendo, debe ser muy de vez en cuando. Siendo así, puede ser muy positivo para tu negocio.

***

Preguntas y respuestas. Ésta era una de las actividades preferidas de mi novia loca y diagnosticada. Para ella los juegos de mesa sobre cultura o los programas de la TV eran demasiado aburridos, le gustaba jugar a sus propios juegos de preguntas y respuestas.

—Si te atacara un león, ¿preferirías tener un cuchillo o una moto?

No entendía qué clase de preguntas me hacía, pero era divertido.

—¿Mermelada o nata montada?

—¿Bob Dylan o Lou Reed?

—¿Por el culo o por la boca?

Se pasaba haciendo preguntas absurdas gran parte de nuestro tiempo juntos. A la décima pregunta la cortaba y me llamaba aburrido y gruñón. Pero es importante no pasarte con las preguntas. Aunque para tus emails de 300 palabras, son extraordinariamente efectivas.

12. Filosóficos con tus preguntas y respuestas

Es de los mejores recursos que puedes utilizar. Es algo que utilicé para muchos de mis clientes y para mí mismo, por supuesto. ¿La razón? Funcionan realmente bien para vender y son realmente muy sencillos de leer.

A mis clientes siempre les pedía (aplícate esto para ti, sé tu propio cliente) que me pasaran las preguntas que les hacían sus suscriptores, sus potenciales clientes, sus familiares... a todo tipo de personas que les hicieran preguntas relacionadas con su actividad, y que me dijeran las respuestas que les daban. Después, simplemente, las iba editando para hacer emails interesantes para ese tipo de audiencia.

Me gusta mucho este recurso, es muy sencillo, lo puedes aplicar rápidamente y verás lo efectivo que es. El formato preguntas y respuestas es un gran formato. Este tipo de mails tiene dos grandes ventajas. La primera y más importante es que funcionan muy bien, y la segunda es que no tardas nada en escribirlos porque ya te los «escribe» la gente que te rodea. Puedes establecer un sistema de, una vez a la semana, recopilar todas las preguntas y respuestas. Las recopilas y luego ya verás el uso que les das. Lo mejor sería mandar esos emails, desde luego. Pero al menos, haz esa recopilación semanal que te permitirá conocer mucho mejor lo que la gente te pregunta y cómo tratas de solucionarlo. Te dará información muy valiosa.

En este tipo de correos te recomiendo que utilices las negritas para marcar la pregunta. Eso hará más fácil diferenciarlas bien. Además, como suelen ser mails más largos, presentados en bloque en lugar de frases sueltas, esto ayuda a la lectura.

Las preguntas pueden ser de todo tipo: sobre la garantía de devolución, sobre las fechas de entrega, sobre lo que incluye, sobre lo que no incluye, sobre absolutamente todo lo relacionado con tu trabajo, con tu servicio, con lo que sea.

También puedes meter entre medias alguna pregunta rara o graciosa, por decirlo de alguna manera. Para entendernos, imagina que yo escribo un email para vender mi *Masterclass No Solicitada sobre Presupuestos* y las preguntas que pongo en el email son éstas:

> —¿Qué incluye el material?
> —¿Por qué debería pensar que contigo aprenderé cómo hacer buenos presupuestos?
> —¿El acceso es inmediato?

No sé, éstas son preguntas que podrían salir en un email. Pues en medio de esas preguntas, meto algo tipo:

> —¿Es verdad que se te están poniendo brazos de acero a estrenar?

O...

> —¿Quedamos?

Son preguntas raras que meto de vez en cuando en los emails de preguntas y respuestas y funciona bien, otras veces meto cosas más fuertes. Y funciona.

***

Mira.

Ahora no te hablaré de mi novia loca y diagnosticada porque te quiero hablar de algo de rabiosa actualidad y yo hace que no sé de esta mujer montones de años.

13. Rabiosa actualidad

Y te quiero hablar de la rabiosa actualidad porque es otro tipo de email, otro tipo de 300 palabras que funcionan muy bien. Y no te estoy hablando sobre la noticia curiosa que te decía antes, me refiero a algo de actualidad. La noticia curiosa puede ser de hace diez años y la puedes utilizar sin problema, es una curiosidad que la gente pueda comentar. Sin embargo, el email de rabiosa actualidad es para utilizarlo en ese mismo instante. Te vale cualquier cosa: un cambio de gobierno, una noticia con mucha repercusión en los medios, el estreno de una película muy conocida, un Mundial de fútbol... Da igual, es algo que funciona muy bien, es contenido fresco.

Yo, personalmente, lo hago mucho con política, noticias, eventos... en fin, con un montón de cosas. No leo prensa, pero eso no significa que no me entere de algunas cosas, claro. Es más, si lees prensa, es muy probable que no te enteres de nada. En mis emails he hablado de la final del Mundial de fútbol el día de la final, de las elecciones el día que se vota, de alguna noticia muy famosa de algún suceso concreto... lo que sea, todo me ha valido. También, por supuesto, para otras listas de clientes en todo tipo de mercados diferentes. La actualidad, como todo lo que estamos viendo, funciona para todo tipo de gente.

Con la actualidad pasan cosas que son muy aprovechables porque, por ejemplo, es difícil no saber que hay un Mundial de fútbol, aunque no te guste el fútbol. De esta forma mantienes a la gente «conectada», ven que escribes al día. Que no es una autorrespuesta automática. Ven que improvisas, que estás vivo, que alguien respira detrás de tus emails. Son cosas que psicológicamente ayudan a las ventas y, además, los temas de actualidad son muy aprovechables en sí mismos.

Sea como sea, es buena idea utilizar a menudo temas de actualidad que tu audiencia reconozca con facilidad. Puede ser un evento concreto de tu sector o algo generalista e irte a noticias de alcance que cualquiera pueda reconocer rápidamente. Lo de eventos concretos en tu sector, o en el sector de la persona a la que vayas a mandar el email, es muy buena idea, te ayudará seguro en tus objetivos.

Todos estos emails, todos estos ángulos, son perfectamente utilizables una y otra vez. Este tipo de emails, sencillamente, funcionan. Es una mezcla sencilla de entretener y persuadir. No hay más secreto que ése.

Para algunas personas es más cómodo marcarse un calendario e ir alternándolos, si eso te resulta más cómodo, hazlo así. Hazlo cómodo para ti. Como te resulte mejor. Lo más importante es entender la psicología que hay detrás de cada uno, cómo generar ideas y contenidos y cómo rematar para la venta.

Y así, en una relación que no duró mucho con mi novia loca y diagnosticada, pude aprender de una sola persona tantos ángulos que luego aproveché para mis 300 palabras. Lógicamente, puedes encontrar esto en todas las personas de ahí fuera, en personas diferentes y vidas diferentes, pero éste es mi libro y ésta es mi vida y esa mujer era mi loca y diagnosticada. Y cuando le dije que ya era hora de dejar la relación, me dio una lección impagable, me dijo:

—Isra, te digo esto por si alguna vez tienes dudas sobre si luchar por alguien o no: debes luchar por la mujer que te quiera, no luchar para que una mujer te quiera. Yo sé que tú, aunque sientes cosas bonitas por mí, no me amas. Yo sí te amo a ti, pero no puedo luchar por ti, porque no me amas y no puedo luchar para que me ames, sólo lucharía por ti si me amases.

Aquello que me dijo fue una de las mejores cosas que me han dicho en esta vida. Una de esas reflexiones que guiaron mi forma de ver la vida, *parasiempre.*

Así que yo también te lo digo a ti, por si tienes dudas, debes luchar por la persona que te quiere, no luchar para que una persona te quiera. Por supuesto, en la fase de la conquista está bien esforzarte para conquistar a esa persona, pero eso es una cosa y otra es cuando hablamos de luchar por alguien, de hacerlo de forma profunda. Hazlo por la persona que te ame.

Y escribiendo sobre esto, como todo en la vida, lo podemos aplicar a la venta porque habré dicho cincuenta millones de veces que vivir y vender es lo mismo. Entonces, cuando tú escribas tus emails, en general, cuando tú hagas la comunicación de tu negocio, debes dirigirte a los que te aman. Y cuando digo los que te aman, me refiero a la gente que comparte tu visión de la vida, tu manera de entenderla y de sentirla. Es a ellos a los que debes tratar de conquistar, a esos con los que luego te irías a tomar algo. Veo a mucha gente extraordinariamente preocupada de no ofender a los que no los aman, en vez de tratar de comunicar a los que aman. Si te diriges a personas que piensan opuesto a ti, invertirás un enorme esfuerzo y energía que será en vano. Por ejemplo, como decía antes, a mí el movimiento feminista me parece una secta, un movimiento político que nada tiene que ver con la mujer ni con ayudarla, al contrario: la perjudican, victimizan e infantilizan, insultan su inteligencia y con ello le hacen daño a ella y a toda la sociedad. Es una forma que tienen los gobiernos de mantenernos enfrentados porque si nos enfrentan y aíslan tienen un mayor control sobre nosotros. Esto lo ve un ciego, pero bueno, hay muchos ciegos. Cuando a mí me preguntan sobre esto en alguna entrevista, lo digo. Por dos razones:

1. La primera es porque soy un hombre libre y me apetece opinar y lo hago, por muchos haters y desprecios que pueda recibir por ello. No me importa. Soy un hombre libre y no tengo miedo de mis opiniones.
2. La segunda, hablo a los que amo. A esa gente que piensa como yo en determinados temas de la vida. No estoy tratando de convencer a ninguna feminista radical, o a ninguno de los tristes hombres que les ríen las gracias, no les estoy hablando a ellos, les estoy hablando a los que amo y a los que me aman.

Ten esto en cuenta en tu comunicación. Sea como sea como opines, no tengas miedo.

8

No es buena idea verse insultado

Hay algo bastante insoportable en muchos emails y es la falta de verdad, la amabilidad fingida y la «preocupación» por el otro, que es totalmente impostada. No caigas en esto, primero porque es hortera, y segundo porque no funciona ni la mitad de bien de lo que mucha gente piensa. A las personas nos suele gustar la gente amable, pero no la gente hipócrita. Piensa en ello antes de empezar con frases tipo «Hola, Pepito. ¿Cómo estás? Espero que bien, ¿qué tal tu fin de semana?».

Te aclaro: no digo que no lo escribas con buena intención, ni mucho menos digo que no seas educado, pero puede sonar hipócrita. Quiero decir, si tu email es para una persona en concreto, una persona de la que sabes su nombre y realmente te preocupa saber qué tal le ha ido el fin de semana, adelante. Pero es que este tipo de cosas las he visto en emails que la gente manda a sus listas de miles de personas. Eso no es buena idea.

Piensa una cosa: la gente no es tan idiota, todo el mundo sabe que son envíos de emails masivos, empezar así resulta forzado para cualquier lector medianamente inteligente. Alguien que no sepa que el envío es para más personas, o sea, que no es para él en particular, es que no se entera de nada y no estoy seguro de que se sea el tipo de cliente ideal para un negocio. En todo caso, son los menos, vamos, casi nadie y cada día menos. A lo que voy, cuidado con esos mensajes de bienvenida. Suenan a falsa amabilidad.

Es totalmente cierto que debes hablar de persona a persona, pero sin insultar la inteligencia del lector. ¿Realmente es importante cómo le ha ido el fin de semana a miles de desconocidos? ¿Por qué lanzar ese tipo de preguntas generales? La gente se está cansando de eso, se ve de lejos la «amabilidad» para luego pedirles que te compren o visiten tu web. Esos mensajes no seducen a nadie. La gente, aunque vea su nombre ahí (cuidado con lo del nombre, ahora te hablo de ello) sabe que es un mensaje masivo. Debes hacer que bajen la guardia, que parezca el email de un amigo por cómo reciben lo que escribes, pero no de manera hipócrita. Además, te doy otra razón importante: casi todo el mundo lo hace. ¿No es suficiente para huir de ello?

Cuando escribes un email con el estilo que yo te propongo, es un mensaje personal, una historia directa, pero no es hipócrita, no le pregunto por su fin de semana o su familia como si de verdad ese mensaje fuera sólo para él. Si el mensaje es para una persona concreta, es diferente, yo te estoy hablando para listas de email. Y si es para una persona concreta a la que le vas a proponer una entrevista, pues posiblemente preguntarle por su fin de semana no sea en absoluto relevante ni vaya a dar resultado. ¿Pero preguntar por el fin de semana a toda una lista de cientos o miles de personas? Eso es lo peor. No sé si el que me está leyendo trabaja de barrendero los fines de semana o es sicario. ¿Por qué voy a empezar un email diciendo: «Espero que hayas descansado»? Pierde toda credibilidad. Si lo hago así, la persona entiende rápido la pretensión comercial. ¿Por qué razón una persona que no te conoce de nada y a la que acabas de dejar tu correo quiere saber cómo te ha ido el fin de semana? Suena falso, forzado, eso es malísimo para vender.

No deberías hacer preguntas de ese tipo. No estás conectando, se ve a la legua que es algo mecanizado. Un truco para fingir interés por gente de la que no sabes absolutamente nada. Así no se vende. Tener interés en tu público está muy bien, un interés real y genuino que te ayude a crear cosas que luego te puedan comprar porque realmente les ayude a ellos. Pero un email empezando con un «¿Qué tal el fin de semana, Antoñito?» y que has replicado a miles y sólo has cambiado el nombre (si es que el nombre que te han dado para suscribirse es el verdadero, que esa es otra, claro) es forzado, la gente lo siente y frena las ventas.

Otro error muy habitual es el cortejo. Cuando tú estás ligando con alguien, si ya estás en la cama, no le pides que se vista para invitarle a cenar para intentar ir juntos a la cama. Ya está en la cama. No lo tienes que sacar de ahí, no lo tienes que vestir para llevarle a un sitio y volver a desvestirlo. Es absurdo, ¿no? Entonces, ¿por qué recibo emails que me mandan a sus redes sociales? No puedo entender esto. Recibo emails, que es el espacio más íntimo, y al llegar al final me piden que les siga en TikTok, Instagram o donde sea. ¿Qué significa eso? ¿Es una broma?

Has dado los pasos más difíciles: has logrado el email de una persona, has logrado que abra tu correo, has logrado que lo lea y llegue hasta el final, y ahora, ¿por qué la llevas a otros sitios llenos de distracciones y de chorradas? ¿Por qué no le vendes algo? O ya que no le vendes nada, al menos, llévala a un artículo de tu web. Pero no la saques a una red social (a no ser que sea porque te vayan a hacer una entrevista en directo o para promocionar algo en concreto, entonces tiene sentido). Eso lo veo mucho. Y es otra cosa que no puedes hacer con tus emails.

Bien.

Otra cosa, siguiendo en la línea de no insultar la inteligencia de la gente. E insisto en lo de la amabilidad que veo que se confunde mucho. No estoy diciendo que no puedas ser amable ni nada de eso. No hablo de eso. Lo que pasa es que mucha gente confunde eso con una búsqueda de la aprobación por parte de tu lector.

Comentarios como:

Me encantaría saber tu opinión sobre este mail o sobre mi artículo.

Me encantaría poder ayudarte y saber de ti.

Por favor, comparte si esto te parece interesante.

¿De qué te gustaría que hable?

Tu opinión es muy importante para mí.

Todo esto lo hago por ti.

Deja tu comentario...

En fin, ¿ves todos estos ejemplos? Esto es un horror. Es de primero de pardillo. ¿Pero qué cojones haces? Y lo verás en un montón de emails, incluso de gente conocida.

Cuando tú te comportas como un buen chico, la gente puede que quiera que seas su amigo, pero rara vez querrá ir más allá. Y tú has venido aquí a follar. ¿Tienes que ser mal educado? ¿Tienes que ser borde? ¿Tienes que ser duro? ¿Tienes que ser algo que no eres? No, no y no. Para nada. Simplemente, no busques su aprobación. No la necesitas.

Mira, me escribe mucha gente que me dice: «Isra, recibo bastantes respuestas de gente que me felicita y me dice que le gustan mis correos o mis artículos pero... no vendo nada. O muy poco». Entonces, si observo sus emails, veo de manera clara y constante su necesidad de aprobación. Están enfocados a que la gente los admita, los apruebe, en vez de estar enfocados en venderles. No tienes que hacer nada de eso. No les tienes que dar ese poder. Puedes ser tú mismo, mostrar educación, responderles... Puedes hacer todo eso, sin pedir permiso para hacer nada. Es tu email y mandas tú. Son tus reglas. Son tus normas. Tienes que buscar la venta, no la aprobación.

Piensa que estás hablando con desconocidos. En un comentario tipo: «Responde este email, estaré encantado de saber de ti», se ve tu miedo y necesidad de aprobación, aunque el otro esté a 5.000 km de distancia. ¿Por qué razón estás encantado de saber de alguien que no sabes ni quién es? ¿No ves que se te nota la necesidad? ¿Por qué te encantaría saber la opinión de un montón de desconocidos? Aunque tengas ganas de saberlo... ¿Entiendes que jamás se lo debes pedir porque muestras debilidad? ¿No ves que estás buscando su aprobación y si haces eso, ya no resultarás igual de deseable? Poca gente interioriza esto. Espero que tú lo hagas. Si buscas la aprobación de los demás, vas a vender mucho menos. Y repito, no tienes que ir de duro, ni ser nada que no seas. Pero no mendigues amor, ni atención. Cuida esos comentarios. Puedes ser muy abierto y amable si va con tu personalidad, pero vigila esos comentarios. Actúa, o mejor, interioriza, interioriza de verdad que no necesitas la aprobación de nadie. Créeme, si en tus textos no muestras esa necesidad, vas a resultar mucho más atractivo. Querrán cosas contigo. En caso contrario, vas a tener muchos «amigos», pero follar, vas a follar poco. No hay más. Esto es algo que he podido comprobar en muchas listas. Amables son mucho, pero vender, lo que se dice vender, al final, poco. ¿Se puede ser muy amable y vender? Claro, faltaría más. Mientras no confundas ser amable con buscar la aprobación de la gente.

Por otro lado, en tus 300 palabras te recomiendo una sola llamada a la acción. Al final. Si quieres poner un par de ellas también está bien, pero que lleven al mismo sitio. Es decir, poner la misma dos veces. Cada mail debe tener un objetivo. No líes a la gente con un montón de enlaces a sitios diferentes. Sé concreto, preciso, claro. Por ejemplo, si quieres ofrecer un viaje a París, ofrece un viaje a París. No pienses: «Bueno, voy a ofrecer París y diez ciudades más por si la gente odia París o ya lo conoce». No.

Mira, te voy a contar una anécdota que es muy relevante. Hace ya unos años estaba Steve Jobs a punto de presentar uno de sus nuevos teléfonos. Resulta que el teléfono hacía cinco cosas importantes y Jobs quería que en la publicidad vinieran esas cinco cosas. Entonces estaba reunido con el copywriter y le estaba explicando que quería que en la publicidad aparecieran los cinco elementos. Entonces el copywriter pilló un folio, lo arrugó en forma de pelota y le dijo:

—Steve, atento, pilla esta bola.

Se la lanzó y Steve Jobs la pilló al vuelo. A continuación, el copywriter pilló cinco folios, los arrugó hasta hacer cinco bolas y le dijo:

—Steve, pilla estas cinco ahora.

Lógicamente, no las atrapó. ¿Qué le hizo ver con eso? Que si quieres que tu publicidad sea efectiva, debes centrar el tiro. No debes dar muchas opciones ni vender muchas cosas a la vez. La gente, a más opciones le das, menos se decide y menos vendes. Esto te vale para un email en frío o para tu lista o para lo que sea. Si me escribes y me propones un negocio, no me pongas en el mismo email otro negocio por si no me gusta el primero. Esas cosas no suelen salir bien.

Tampoco soy nada amigo de las imágenes, incluso en *e-commerce*. Ese tipo de plantillas suelen ir mucho a spam, y además, da un sentido demasiado comercial al email. Debe ser algo íntimo. Es mejor un texto, aunque sea breve, e invitar al lector a pinchar para ver la web. Crear esa curiosidad por pinchar. No me gustan las imágenes en un email. Pareces un banco.

Tampoco es el lugar adecuado para poner tus logos y tus colores corporativos. El email es el email. Cuando tú escribes a un amigo, ¿cómo lo haces? No creo que pongas tus colores corporativos, pues esto es lo mismo. Lo que mejor funciona es lo natural. Simple texto. Sin colorines, ni fotos, ni logos. Nada de eso.

Y sobre lo del nombre que te decía un poco más arriba... Debes tener cuidado también con la personalización porque mucha gente se suscribe y se inventa el nombre. Y otras veces veo muchos emails que encajan el nombre con calzador, de manera forzada y artificial. Esto es algo que podrás observar en muchos negocios. Pasa un poco como con lo de antes, la gente sabe que son automatizaciones, cuidado con eso. Una cosa es que lo haga tu banco (sí, los que utilizan su imagen corporativa y sus colores en el email), que tiene tu nombre y datos reales, y otra es que lo hagas tú y que insistas en llamar a la gente por su nombre cada vez.

Yo creo que todo esto viene por un estupendo libro que te recomiendo a pesar de su horrible título, *Cómo ganar amigos e influir sobre las personas,* cuyo autor, Dale Carnegie, dice algo así como que escuchar nuestro propio nombre es una de las melodías más dulces. Eso es cierto, en un contexto adecuado. En una conversación física o por teléfono, también por email si el mensaje es realmente personalizado para una persona de la cual tienes la certeza de que ése es su nombre... ¿Pero para un desconocido? No funciona así. Por eso debes tener cuidado con ese tipo de emails y con confundir mensajes tan potentes e interesantes como el que nos dice Carnegie en su libro.

Una vez le preguntaron a un copywriter alemán (no recuerdo el nombre, pero es un copywriter conocido de nombre alemán impronunciable), de la época en que los copywriters mandaban la publicidad física a los buzones de las casas, lo siguiente:

—¿Cuándo debo personalizar el envío con el nombre de la persona?

—Cuando tengas la certeza absoluta de que se llama así. Si no, evita poner el nombre.

Este tipo alemán de Alemania lleva toda la razón.

En resumen, evita las imágenes en la medida de lo posible y olvida tu imagen corporativa en el mail. No lo llenes de enlaces para un montón de sitios. No mandes a la gente a tus redes sociales y sólo pon el nombre cuando estés seguro de saberlo. Todo esto que te cuento podría ser suficiente sólo con la propia experiencia en mi lista donde mando emails todos los días, pero no es sólo en mi mercado. He trabajado en cuentas donde hemos quitado los mensajes «hipócritas» (entrecomillo para dejar claro que no digo que las personas que utilizan esas preguntas de bienvenida o meten el nombre con calzador sean hipócritas, lógicamente), donde hemos dejado de «personalizar» con el nombre, y donde hemos evitado todos los errores de los que te estoy hablando. ¿El resultado? En todos los casos hemos aumentado las ventas. Quiero decir, trata al lector como a un ser humano y no insultes su inteligencia. Puedes estar seguro de que eso trae ventas.

Es importante entender que no tienes que inventar nada, la gente se complica mucho la vida y quiere inventar la rueda. Y la rueda, ya rueda. Y tú no tienes que inventarla. Ya rueda. Y que la gente necesita entretenimiento. Necesita evadirse. Pero no la insultes.

9

La Real Academia de mi Lengua

Mira.

Sería en el año 2020 o tal vez en el año 2021. Di una charla online privada y una de las personas asistentes, un chico, me preguntó por mis faltas de ortografía. Me dijo que para él escribir con faltas era un fallo muy grande. Lo dijo en un tono acusatorio, sólo le faltó decir algo tipo: «Debería darte vergüenza vivir de escribir y tener faltas de ortografía». Imagino que algo así pensaría, aunque eso no lo dijo. Entonces le pregunté:

—¿A qué te dedicas?

—Soy copywriter.

—Ah, qué bien, los dos somos copywriters. ¿Desde qué año llevas?

—Más o menos desde el año 2017.

—Anda, qué casualidad, como yo. ¿Ganas más de 100.000 euros al mes como copywriter?

—No.

—Entonces, humildemente, creo que yo y mis faltas somos mucho más eficaces que tú y tu corrección. Y seguro que yo puedo aprender de ti, no me cabe duda, pero tú deberías aprender de mí. Y te digo más, en cinco años estaré ganando cinco o diez veces más de lo que gano ahora y tendré más faltas de las que tengo ahora. Tú, dentro de cinco años, puedes seguir corrigiendo a gente que gana mucho más que tú en tu trabajo, o puedes aprender de gente que gana mucho más que tú en tu trabajo. Es tu decisión.

Lo arrogante no es decirle a alguien que se calle la boca, lo arrogante es abrir la boca para corregir a quien tiene muchos más resultados que tú. Admito sin el menor problema los comentarios y mis errores, pero si le vas a decir a un copywriter cómo debe escribir, asegúrate de que tienes mejores resultados que él.

Aclarado esto, no sólo no te tienen que preocupar las faltas de ortografía (ojo, dentro de un orden), sino que tienes que crear tus propias expresiones. Esto es algo de vital importancia que he explicado desde hace años en muchas formaciones y entrevistas. Tienes que tener palabras fetiche que la gente acabe identificando contigo.

Yo tengo «Mira», con la que empiezo muchos de mis emails y hasta fue el nombre de una de mis antiguas membresías. Hay gente que se ha formado conmigo y que la sustituye por «escucha», «atiende», «ojo» o la que sea. Esto viene de la importancia de fijar la atención desde la primera palabra. Y por supuesto también expresiones: «a ver, haber, haver», «en mi opinión no solicitada de hoy», «podemita profundo» (para referirme a gente que no piensa por sí misma), «arriva» o «son mis costumbres y hay que respetarlas», por poner algunos ejemplos. Esas expresiones son muy *mías*.

Y aunque puede que te suene raro, entre estas expresiones propias y escribir mal algunas palabras, el lector te identifica y te graba en su cabeza. Incluso cuando vea alguna de esas expresiones o palabras mal escritas en otro lugar, le vendrás tú a la cabeza. ¿Sabes la cantidad de gente que me ha dicho que cada vez que escucha o lee la palabra MIRA, se acuerda de mí? Eso siempre es muy bueno para tus 300 palabras.

También hay un detalle mucho más sutil, mucho más imperceptible. En mi caso, soy disléxico, muchas veces cambio letras al escribir palabras. Después de escribir cada email lo repaso, pero de vez en cuando se me cuela alguna palabra mal escrita. Por ejemplo, en vez de decir «si quieres tener un detalle con alguien...», digo... «si *queires* tener un detalle con alguien...». El lector que lo ve con nuevos ojos, detecta ese fallo y se le queda grabado, tu manera de expresarte queda en su subconsciente. Incluso me dicen a menudo que han soñado con alguno de mis mails. La influencia directa de esto tiene bastante que ver con ello. Te quedas grabado en la cabeza de la gente. Por eso a veces apareces en los sueños de algunas personas. Por esas palabras mal escritas y por estar muy a menudo en su bandeja de entrada. Y ojo, que si estás muy a menudo en la bandeja de entrada y encima tienes expresiones raras, te acaban comprando lo que sea que vendas. Eso o darse de baja, que es muy positivo también. Las bajas son buenísimas en una lista. Normalmente, si mandas un email a una lista y trae muchas ventas, también trae muchas bajas. Eso es un buen email, eso es una lista de suscripción sana y rentable, pero mucha gente no lo entiende. Entonces se acojonan y no escriben para no tener bajas. Claro, muy sencillo, ¿quieres que tu lista no tenga ni una baja? No les escribas. Así de simple y de triste. No se acordarán de que están dados de alta, ¿cómo se van a dar de baja?

Así que esto es lo que tienes que hacer de vez en cuando: en vez de decir «si quieres tener un detalle con alguien...», digo «si quieres tener un *detelle* con alguien...» o «si *queires* tener un detalle con alguien...». Funciona. Los emails donde incluyo alguna palabra mal escrita, un tiempo verbal mal puesto o un error, suelen vender más. Imprime carácter a tus escritos, no tengas miedo de tu lengua.

Eso sí, te doy un consejo: no abuses, no llenes todo de faltas ni lo hagas en cada email. Hazlo a menudo, pero no abuses de ello. Escribe alguna palabra aleatoria mal o directamente, escribe alguna palabra siempre mal, una manera de expresarte que sea tuya. Por ejemplo, *wasap*, en teoría es WhatsApp, pero yo siempre escribo *wasap*. Puedes decir, en vez de expertos, los *oxpertos* de tu sector. Esto funciona. No te digo que escribas «hacer» sin h. No te hablo de patadas de ese tipo, más bien de descuidos, de maneras sutiles de decir alguna palabra que el lector asocie a ti de manera automática. Estarás en su cabeza. Si tú dices «los oxpertos en mi sector se reúnen...», pues cada vez que un suscriptor de tu lista lea o escuche la palabra experto, le vendrá algo tuyo a la cabeza. Estará ahí, en su subconsciente.

Cómo construir y utilizar diálogos

Y otra cosa. Esto de escribir «mal» tiene mucho que ver con el lenguaje conversacional, con cómo hablamos. Y nos es realmente muy útil para construir diálogos en nuestros emails, que es algo que funciona muy bien y les da mucho ritmo.

Hay un consejo muy sencillo para utilizar diálogos en tus emails, pero lo puedes utilizar también para tus cartas de venta, captación, etc. Aunque funciona especialmente en el email, en tus 300 palabras, me gusta mucho aplicarlo en el email marketing.

Un email es algo muy conversacional, pero no llega a ser un diálogo porque la otra persona, el lector, no interviene. Entonces, las reglas del buen diálogo se pueden aplicar también aquí si sabemos cómo hacerlo.

¿Cómo podemos aplicar unos buenos diálogos al email?

Una regla muy básica que nos puede servir a todos es tratar de leer lo más posible. Sí, así de simple, hay que leer. Leer nos hace mejores. Y por eso me llamó tanto la atención esta idea que leí en una entrevista que le hicieron a Tarantino: «La forma más rápida de arruinar una película es que los personajes vayan diciendo literalmente lo que sienten».

¿Por qué?

Porque en realidad nadie habla así. Nadie habla de esa manera. La gente no dice lo que realmente está en su cabeza. Esto es algo en lo que incido muchas veces. Las personas hablamos sobre cosas muy triviales, utilizamos frases entrecortadas... Y son ese tipo de cosas las que hacen que los diálogos sean reales. Tal como dice Tarantino.

Te dejo un email con una conversación y ahora te voy a decir por qué funcionan este tipo de conversaciones y por qué están bien construidas. Y no es porque te lo diga yo o porque las he escrito yo. Tienen un sentido, tienen un ritmo. Y ahora lo vamos a ver. Éste es un email que mandé a mi lista y que se titulaba: «Influyente me rechaza porque no le satisface mi tamaño».

Mira.

Ayer quedé con una amiga humana de la tierra.

Me dijo que un influencer con medio millón de seguidores había rechazado entrevistarme.

Un influencer amigo suyo.

—¿A mí? ¿Con lo buen amante que soy?

—Sí, es que dice que sólo tienes mil y pico seguidores en instagram.

—¿Pero tengo instagram? ¿Eso sigue abierto? ¿Cómo lo puedo cerrar?

—Sí, tienes, pero nunca has publicado nada.

—¿Y no me entrevista porque no tengo seguidores ahí?

—Es que dice que hay que dar mucho contenido y tener miles de seguidores para monetizar bien. Me dijo que no tienes influencia suficiente para aparecer en su canal.

—¿Cuánto gana tu amigo?

—90.000€.

—¿Cada mes?

—Cada año.

—¿Y no me quiere entrevistar porque no tengo RRSS, ni influencia suficiente para él?

—Eso dice.

(Sonido de grillos aquí.)

Nos miramos a los ojos, bebimos de nuestras cervezas y cambiamos de tema.

Bien.

Todos los días, sin excepción, recibo emails de gente que está dentro de la membresía agradeciendo el nivel del contenido, la densidad del mismo y diciendo que están pagando muy poco por lo que reciben.

Por ejemplo, Antía me mandó una opinión no solicitada que decía esto:

«Muy buenos días gran Isra,

Antes de nada muchas gracias por todo el contenido que das, de verdad, es increíble.

Estoy dentro desde el primer día.

Te quiero hacer una consulta en soporte...».

Si te fijas aquí, pasan dos cosas.

Y si no te fijas, también pasan dos cosas, pero lo que pasa es que no te fijas.

Pero pasar, pasan.

Dicho esto, en la fabulosa lección de esta semana, analizo el caso de un tío que ha sido muy muy listo y le está sacando mucho partido a Instagram.

Se llama Nacho.

Y es mucho más listo que el amigo influyente de mi amiga y tiene muchísimos menos seguidores.

Pero es mucho más listo, hazme caso.

¿Por?

Porque cuando veas cómo está arrastrando gente para su negocio vas a pensar:

«Qué hijo de puta...»

Bueno, en caso de interés, mira aquí:

Suscrición...

Esto se lee real porque es real. Yo en la conversación no escribo: «Entonces yo le dije...». No. Las conversaciones se filtran en los textos de forma completamente natural. De repente empieza la conversación. Se da a entender con lo anterior que está ahí y se empieza, no hace falta que «presentemos» que vamos a hablar. Simplemente, un amigo suyo *influencer* me rechaza. Entonces yo pongo el guion y empiezo a hablar.

Hay una mujer que se llama Shonda Rhimes que es la creadora de *Anatomía de Grey*, una serie que posiblemente conozcas. Y ella insiste mucho en que escuchemos las conversaciones de la gente, porque nos vamos a dar cuenta de una serie de cosas que están plasmadas en estas conversaciones. Cosas como éstas:

- La gente habla con frases entrecortadas.
- Muchas veces la gente no sabe exactamente lo que va a decir.
- No usamos las palabras exactas, sino las que nos vienen a la cabeza en ese momento. La mayoría de las veces no usamos la palabra exacta en el momento exacto.
- Muchas veces hablamos uno por encima de otro, nos interrumpimos, cambiamos de tema...

Eso también es real. La gente habla así. Y otra cosa que también dice Tarantino: «La gente no dice lo que está pensando o cómo se siente. En algunas ocasiones sí, pero en muchas otras, no».

Esto es algo que a mí me sorprende mucho que a la gente le sorprenda. Cuando comentas esto muchas personas se ponen a la defensiva, como si estuvieras llamando a alguien mentiroso o como si estuvieras diciendo que el ser humano es decadente. Vamos a ver... No decimos lo que pensamos. Ya está. No pasa absolutamente nada, pero está bien reconocerlo. Los guionistas lo saben y como tal, los buenos guionistas que crean buenas obras trabajan las conversaciones así.

Y esto, como te digo, lo debes aplicar a tus 300 palabras. Cuando hablas, tratas de que sea conversacional, ¿verdad? Estas conversando. Pues haz eso para escribir. No me cansaré de repetirlo, tiene una importancia capital. Como te decía al comienzo de este capítulo, no te tienes que estar preocupando de las faltas. No pasa nada por tener erratas, no pasa nada porque digas dos veces una misma palabra... De verdad. No hay que preocuparse de eso. Hay que saber comunicar. Y saber comunicar significa que no es «literatura perfecta». Es cómo hablan las personas, cómo sienten y cómo procesan.

Yo las conversaciones no las utilizo muy a menudo, pero las utilizo. Algo que funciona muy bien es transcribir literalmente una conversación que haya escuchado sobre cualquier tema. Y eso es infinitamente mejor que si tengo que ponerme yo a inventar cómo se supone que tiene que hablar alguien sobre algo. Muchas conversaciones que pongo ahí son, literalmente, conversaciones reales que he escuchado. O sea, sólo tienes que escuchar qué dice la gente en una conversación en un bar. Lo anotas como buenamente puedas: puede ser en la cabeza, en tu móvil, en una nota de audio, vas al baño con cualquier excusa y eso que has escuchado en la barra, lo apuntas.

¿Por qué?

Porque cuando alguien lea eso, lo va a notar real. Va a hacer que tus emails sean conversacionales de verdad, porque lo que estás haciendo es coger elementos de una conversación real. No intentes hacer malabarismos ni quedar como una persona muy culta, muy instruida o darle mucha pomposidad. Hazlo natural y consigues que suene más real. Y cuando suena más real, genera más confianza. Y cuando generas más confianza, generas más ventas. Entonces, utiliza las conversaciones de esta manera. Son consejos que nos da gente como Tarantino, que no necesita presentación, y como Shonda Rhimes, que tampoco necesita presentación. Quizá el nombre sea menos conocido que el de Tarantino, pero fíjate lo que sabe esta mujer de estas cosas. Anda que no hay gente haciendo series y ella crea una de las series más exitosas de los últimos años y nos da estos consejos. ¿Cómo no aprovecharlos?

Yo llevo años aplicándolos y funcionan. Son cosas que descubrí mucho después de aplicarlas y esa es una gran forma de descubrimiento.

Hay que aprender de la gente que sabe, no corregirla, ¿o vas a decirle a Tarantino cómo tiene que hacer sus películas?

10

Cuidando de mi muerte

Cuando empecé lo tuve claro y desde entonces así lo he contado. Es algo que puede hacer mucho más profundo tu camino. Te recomiendo que construyas una lista de correo, poco a poco, y escribas a tus suscriptores cada día. Y no sólo porque sea un excelente ejercicio mental, de la misma forma que si vas a caminar cada día irás aumentando las distancias y recorriéndolas en menos tiempo, no sólo por ese gran ejercicio, es que, en la vida, todo se construye cada día. Nada es pasivo. Nada es nuestro y nada lo podemos dar por hecho. Si das por hecho a tu novio o a tu mujer, la perderás. Sí, puede que estéis juntos por inercia, por aburrimiento, como esos matrimonios acabados que no se acuestan pero se vigilan, pero habrás perdido el amor, el respeto y la admiración.

Si olvidas tu cuerpo y no lo cuidas cada día, con el paso del tiempo se quedará gordo y demasiado flácido o delgado o sin energía, cada día, tienes que cuidar tu cuerpo. No puedes cuidar tu cuerpo seis meses y luego ignorarlo, te pasará factura. Es una gran ley de la vida.

Y tu negocio, tu trabajo, cada día tienes que cuidarlo, dar lo mejor de ti, esforzarte. Todo en lo que no trabajas, todo lo que no cuidas, muere. Cuando yo empecé, nadie mandaba un email diario en España y al principio del todo, me escribieron hasta un par de agencias de marketing para decirme que estaba loco, que nadie me tomaría en serio y que lo que estaba haciendo no servía de nada. Te cuento esto porque uno de los mejores pilares del éxito es alejarte de casi todo el mundo, no hacer lo que todos hacen, no ir donde todos van, no decir lo que todos dicen, no pensar lo que todos piensan. Si tienes eso y un camino claro al que quieras llegar, no te para nadie, hazme caso, no te para nadie. Pero si haces, vas, dices y piensas lo que todo el mundo, te espera lo mediocre y lo gris. Es un desafío grande, pero la recompensa es infinita.

Por eso te animo a escribir cada día. Da igual que ahora (al contrario que en el año 2017, que me llamaban loco) que se ha inspirado tanta gente te digan «eso lo hace todo el mundo». Es mentira, ser perseverante y trabajar duro y aguantar, lo hacen muy pocos. Y, además, no importa los que lo hagan o no, si lo haces bien, si no desfalleces, tendrás resultados. ¿Acaso no hay millones de personas en redes sociales y sale constantemente gente que destaca? ¿Acaso no destaca gente en disciplinas y negocios en los que hay miles de personas? Tú, si sabes atraer a tu tribu hacia ti, también puedes. El mundo siempre está en pañales. Siempre hay más por hacer que lo que hicimos. En todos los ámbitos de la vida se puede destacar o triunfar por mucha competencia que haya, y con las 300 palabras, también. Si lo haces bien y eres perseverante, tendrás tu sitio. Eso es seguro. No te dejes desanimar por los flojos y los vagos que, incapaces ellos de alcanzar sus sueños, quieren impedir los tuyos. Que se jodan los demás, tú a lo tuyo. El trabajo es vital. Conozco muchos copywriters que se apuntaron a esto del email diario, están unos meses y luego lo dejan, necesitan un descanso. ¿Qué descanso? Es escribir un puto email. ¿Descansas de respirar? Cuando me preguntan el «secreto» de mi éxito suelo decir que soy con mucha diferencia el copywriter que más gana, pero soy con muchísima más diferencia, el que más trabaja y el que más ama su trabajo. Por eso cada día me va mejor, porque no dejo de trabajar ningún día. No hago un lanzamiento, gano un millón de euros y digo: «Bueno, pues ahora me voy a desconectar dos meses». ¿Por qué hacer eso? Amo lo que hago. Quiero estar conectado, no desconectado.

Te invito a escribir a diario, pero sobre todo hazlo sin presión, sólo cuando sientas que las cosas fluyen. Quizá sea buen momento para hacerlo cuando tengas veinte o treinta ideas apuntadas, ya que te hará sentir con cierta seguridad. Como te organices mejor. La razón de mandar un email todos los días es bastante sencilla: es la manera más rápida de generar confianza. Cuando alguien está recibiendo correos tuyos todos los días, de manera inconsciente empieza a generar una relación contigo. Te empieza a «conocer», te ve parte de su día a día. Es muy divertido cuando me para alguien por la calle y me dice: «Joder, Isra, es que siento que soy como un amigo tuyo, como si fueras de mi familia, te leo a diario y sales en conversaciones en las cenas con amigos y con mi mujer, un montón de veces». Es divertido porque la persona a la que has generado esa emoción es alguien a quien no has visto en tu vida, ellos te conocen mucho a ti, pero no al revés.

Generar confianza y la perseverancia. Pocas cosas más poderosas en la vida. Hace poco me escribió un tipo llamado Marco que me compró una de mis masterclass NO solicitadas después de trece meses en la lista, recibiendo cada día mi email. Trece meses. Me escribió esto a través uno de los canales de contacto:

Buenas Isra.

Después de más de un año apuntado a tu lista, el email de hoy me ha dicho algo y no lo he dudado, te he comprado tu nueva masterclass NO solicitada, como tú la llamas. Tus correos me encantan y al final he caído. Muchas gracias por enseñarme un rato cada día. Espero algún día conocerte en persona.

Marco

¿Qué significa ese email? Pues que la perseverancia tiene premio, el estar cada día, no dar las cosas por hechas, trabajar con ilusión y por avanzar. Este tipo necesitó alrededor de cuatrocientos emails para decidirse. El email diario es una poderosa herramienta para lograr ventas de manera recurrente. Si todos los suscriptores necesitasen cuatrocientos impactos para comprar, es posible que no fuera viable para mucha gente (aunque ojo, ¿no firmarías un negocio que te dé un montón de dinero después de un año y pico?), pero es que la mayoría, si compra, lo hace bastante antes. Algunos nada más apuntarse, en el primer email. Por esa razón, por la facilidad para transmitir confianza y por lo que puede llegar a tardar una persona en decidirse, el email diario es mi herramienta favorita para vender y para vivir. Rápido de preparar y de mandar.

Otra ventaja extraordinaria que tiene es que te instalas en la mente de tu lector. Imagina por un momento que vendes servicios de SEO. Esto vale para cualquier otra cosa, donde pongo SEO, pon cualquier otro tipo de servicio. Si tienes una lista, por pequeña que sea, de gente que tiene interés en tus servicios de SEO y reciben todos los días tu email, tal como te estoy enseñando a prepararlo, el día que esa persona necesite un SEO, que puede ser hoy o dentro de seis meses, recurrirá a ti. Serás su primera opción. Tendrás medio camino —o bastante más, en muchos casos todo el camino— recorrido. Si estás en redes sociales y no tienes presencia con el email, lo que pasa es que cuando alguien busca un SEO y pregunta, aparecen cuarenta como pirañas.

Sin embargo, si entras todos los días en su bandeja de entrada, tú eres «su SEO». ¿Ves la diferencia? ¿El poder que tiene? Tú estás en su buzón todos los días. Estás presente para esa persona. Tienes que cambiar la mentalidad de pensar «un email diario agobiará al lector» por la mentalidad de «voy a entretener (y vender, claro) a mi lector». No tienes que gustar a millones de personas, en internet está todo mucho más segmentado. Ya no tenemos un único canal de televisión como a finales del siglo XX... la gente necesita entretenimiento y lo busca donde sea. Crea tu propia comunidad de personas a las que les entretengan tus historias. Eso es todo. No tienes que gustar ni caer bien a todo el mundo, para nada. Sólo necesitas conectar con unos pocos. El email diario te dará la oportunidad de tener un público fiel. Por supuesto, también vale si vendes cosas como organización de bodas. Mucha gente cree que para eso el email diario no vale porque, al fin y al cabo, la gente se casa una vez en la vida (bueno, algunos le pillan el gusto) entonces, para qué un email diario.

¿Para qué?

Para estar presente en su mente, para estar presente en sus conversaciones, para generar confianza y autoridad. Les puedes hablar de otras bodas, de anécdotas, de cosas de todo tipo. Que sean entretenidos, que cuando tu suscriptora quede con sus amigas, les hable de tus emails, les cuente de ti y les diga que cuando se case su prima, que miren ahí, que sacarán ideas. Cuando tú inviertes unos minutos al día en escribir tus 300 palabras para conectar con tus potenciales clientes, estás asentando en mármol las bases de tu negocio. No dependes de algoritmos ni de campañas de publicidad ni de subidas de precio ni de cuentas *baneadas*, eres tú con tu propia forma de comunicación, con tu propia línea editorial. Es más, para vender servicios poco recurrentes, es una herramienta tan efectiva que muchos ni se lo imaginan. No tendrás que ir detrás de ningún cliente, no tendrás que invertir en publicidad. El mayor esfuerzo que tendrás que hacer es el de organizar tu agenda, eso es lo que te pasará si escribes cada día tus 300 palabras.

Y si no es diario, que sea frecuente. Lo que te quiero decir es que le pierdas el miedo al email diario. Si lo haces entretenido, la gente lo recibe con ganas. Y al que no le guste, que se dé de baja. El único problema es no tener ventas. Te lo afirmo con total rotundidad: a más emails, más ventas. Es cierto que tendrás bajas, pero creo que ése es un debate superado. Si a alguien no le gusta tu personalidad o cómo escribes o sencillamente no le interesa lo que vendes, lo mejor que puede pasar es que se dé de baja. Ya está. Joder, será por gente. Pero si mandas un email diario y lo haces dando entretenimiento, lo que logras es un público tremendamente fiel. Quizá te suene raro, pero a mayor frecuencia, más te aprecia y más fiel es tu suscriptor. No lo dudes.

¿Y sabes lo potente que es para tu marca personal? Hace varios siglos la marca personal tenía mucho sentido, quiero decir, todo era marca personal. No había grandes campañas de publicidad ni corporaciones como las entendemos en el siglo XX. Antes estaba el herrero, el pescadero, lo que fuera... Me refiero a que la gente tenía que trabajar su marca personal para sacar adelante sus negocios y sus vidas. En tiempos mucho más modernos, esto de la marca personal perdió algo de fuerza porque sólo las grandes empresas se podían permitir salir en los únicos sitios en los que se podía tener visibilidad: la televisión, grandes periódicos, etc. La marca personal no podía ser explotada, no tenía mucho sentido para casi nadie (aunque todos somos una marca personal desde que nacemos, nos guste o no y desde el principio de los tiempos) porque todo estaba escondido detrás del nombre de una empresa. Pero hoy día, hemos vuelto a la importancia de la marca personal porque una chavala desde su casa puede escalar un negocio y ganar tres millones de euros al año. Y sólo podrá hacer eso trabajando su marca personal. Y la forma más directa, rentable y potente que hay, es tener una lista de suscriptores para no depender de redes sociales y comunicarte con ellos cada día. Así que sí, las 300 palabras, son un aliado enorme para potenciar tu marca personal y con ello, tu negocio.

Y el email, las 300 palabras, saber hacer eso, perseverar y hacerlo donde todos se rinden, te dará tranquilidad, te dará paz. No depender de lanzamientos, del precio de la publicidad, de un cambio de algoritmo, ¿sabes la calma que te dará eso? Y lo importante no es la felicidad, lo importante es la calma. La felicidad es momentánea, va y viene, es absurdo perseguirla, ¿para qué perseguir lo que va y viene? Sería como perseguir a una persona que algunas noches está contigo y otras no aparece. Si amas, te dolerá. ¿Para qué perseguir lo que va y viene? Lo que va y viene, va y viene, pero no se persigue. A lo que yo aspiro es a la calma. La calma en los momentos grandes y pequeños, bonitos y feos, duros y blandos, en los felices y los infelices. La calma de dar lo mejor de mí cada día. Tanto como pueda, compitiendo siempre contra el mayor desafío de cada uno, que es uno mismo. Cada día. Buscando de dónde aprender, de dónde avanzar, de dónde sufrir, de dónde desafiarme, de dónde relajarme, de dónde largarme, de dónde quedarme. Cada día. Como el que respira, cada día.

Cada día, cuidar tu cuerpo.
Cada día, cuidar tu trabajo.
Cada día, cuidar tu amor.
Cada día, cuidar tu alma.
Cada día, cuidar tu muerte.

11

El mejor *networking* es tener cojones

Vamos a ver cómo utilizar las 300 palabras para hacer *networking*.

Antes de nada, ¿para qué quieres hacer *networking*? Es algo que te deberías plantear. Lo que te quiero explicar es muy probable que te ayude en la forma en la que te acercas a las personas, ya sea para buscar financiación para tu proyecto o cualquier otro tipo de acuerdos. Vamos a ver qué cosas jamás puedes hacer.

Vamos por partes.

Tú puedes ser una persona más bien solitaria, que necesite pasar muchas horas diarias en soledad y sin «ruido», lo que se podría decir, algo antisocial, pero eso no quita para que si sabes manejar determinadas situaciones sociales, si tienes cierta habilidad social, te vaya a ir mucho mejor. Esa habilidad social puede ser saber mandar un email, si sabes cómo. Mira, yo soy una persona solitaria, desde siempre he disfrutado de ir a cenar solo, al cine solo o encerrarme días enteros solo en cualquier lugar. Por supuesto me gustan algunas compañías y me gustan de vez en cuando, pero soy, a grandes rasgos, alguien a quien le gusta estar tranquilo. En mi casa nunca verás mucha gente ni grandes jaleos, no me gusta. Pero como te decía hace un momento, esto no quita para que sea consciente de que tener habilidad social es clave para manejarse en la vida. Por eso esta parte del libro es importante. Y no se me ocurre mejor forma de aprender *networking* que viendo cómo lo hace casi todo el mundo y entendiendo por qué ésa es la peor forma de hacerlo. Y luego veremos cómo cambiar radicalmente y lograr los resultados que esperamos.

Para ver esto, en vez de hablarte sobre cómo mandar tus 300 palabras, te hablaré de la otra parte, de qué pasa cuando las recibimos. Te hablaré de mí y de casos cercanos. Lo he hablado con muchas personas de cierta relevancia, ya sean empresarios, inversores, famosos, etc. Te cuento esto, simplemente, para que veas la manera de no hacerlo, no para burlarme de nadie. Simplemente, no se puede ir por la vida cometiendo los errores que te voy a mostrar aquí y pretender que te hagan caso.

La mayoría de la gente que me escribe, y no sólo a mí, sino también a personas de perfiles como los que te comentaba hace un momento, lo hacen sin haberme estudiado lo más mínimo. Ni a mí, ni mi estilo de vida, ni mis intereses, ni nada. A lo más que llegan la mayoría es a proponerme «tomar unas cervezas», como si tomar cervezas con desconocidos fuera estimulante de ninguna forma para mí. No tiene sentido. Y lo mejor es que algunas de esas personas se molestarán y dirán que se me ha subido a la cabeza por ignorarlos, cuando lo mejor que puedes hacer con propuestas así es ignorarlas. No te has esforzado nada y le estás pidiendo a alguien desconocido su tiempo, lo más valioso que tiene. Y la imaginación es tan pequeña, que ni siquiera da para imaginar que alguien como yo recibe unas ciento cincuenta propuestas de tomar unas cervezas cada semana. Eso no es una exageración, ni trato de impresionarte. Los habrá que reciban más propuestas y los habrá que reciban menos, sólo te pongo en situación para que «centres bien el tiro», ya sabes.

Éstos son los errores más habituales que tienes que evitar, sí o sí, cuando quieres tener un acercamiento que acabe bien, que tenga éxito:

1. Propuestas vagas y poco atractivas

Proponerle a alguien desconocido un café, una cerveza o, peor aún, una comida es tan poco atractivo para la otra parte como masticar clavos. Tienes que tener en cuenta que, para tomar cafés, cervezas y para comer, esa persona a la que escribes tiene muchas opciones. No está esperando en su casa, aburrido, a que gente que no conoce de nada le ofrezca planes. Pedir una reunión, ya sea con café o cervezas mediante, es una propuesta demasiado grande como para hacerla por las buenas.

2. Nula personalización

Se nota una falta de motivación, de interés y una desidia muy grande cuando copias y pegas el mismo mensaje para todo el mundo cambiando sólo el nombre. Esas cosas se notan. No estamos hablando de mandar un email a tu lista de correo de miles de personas, estamos hablando de tratar de tener un acercamiento con una persona en concreto, ¿no es así?

3. Jamás pongas en contexto

Una de las cosas que más puede odiar una persona que recibe muchas propuestas (y no sólo yo, esto lo he hablado con muchísima gente) es esa costumbre tan horrible de «poner en contexto». No hagas eso, por favor. Es una enorme falta de respeto que valores tan poco el tiempo de alguien como para contarle tu vida así de buenas a primeras. No es en absoluto necesario hacer algo así. Y si alguna vez lo hiciste, no te ofendas por esto que te digo, no pasa nada, simplemente, tenlo en cuenta para la próxima vez. Todos podemos cometer un error así, basta con que no vuelvas a cometerlo. La gente pone en contexto y te cuenta cosas que te interesan poco (o nada) y eso te hace sentir, de entrada, que te están robando mucho tiempo. ¿Hay peor forma de empezar? Pues eso es «poner en contexto», la peor forma de empezar, la sensación es que me estás haciendo perder el tiempo. El contexto que para ti es tan importante, en ese primer contacto no lo es en absoluto. Para nada. Y claro, cuando alguien te pide una reunión con esas bases tan endebles... Si sabes mandar un email en frío como vimos en el capítulo 6, no necesitas poner nada en contexto, ya habrá tiempo de eso cuando vayamos acercándonos a esa persona.

Es importante entender que la forma que utilizas para comunicarte es, en sí misma, parte del lenguaje. Si utilizas la misma forma que todos los demás, cambiando un par de datos, estarás diciendo muchas cosas con tu mensaje, y ninguna buena. Estarás diciendo que:

—Eres poco creativo.

—Quizá también que eres un poco vago. O muy vago.

Y bueno, teniendo en cuenta eso, no hay muchos motivos por los cuales escucharte. Si eres poco creativo y vago y encima eres un desconocido, ¿por qué cojones te voy a prestar atención? ¿Por qué razón debería nadie prestarte atención?

Aclarado qué es lo que NO tienes que hacer, que es, además, lo que hace casi todo el mundo y por eso no funcionan las cosas, vayamos a lo que deberías hacer. Y, además, te lo aterrizaré con varios ejemplos. Lo que deberías hacer es todo lo que hemos visto sobre cómo mandar emails en frío del capítulo 6.

Y, además, añado alguna cosa. Por ejemplo, «sé original sin ser marciano». Quizá en vez de un email puedes mandar una carta física, yo eso lo hice muchas veces. Si haces eso les estas diciendo que piensas distinto y que quizá por eso merezca la pena escucharte. Te has tomado el esfuerzo.

¿Hay garantía? Mira, la única garantía que hay es que si quieres resultados te debes esforzar. Algunas veces las cosas salen y otras, no. Y así debe ser y así está bien que sea.

Por cierto, ya que te hablo del tema de mandar cosas físicas, te cuento un pequeño truco sobre cómo sacar la dirección para poder mandar estas cosas. Algo que funciona es sacarlas de LinkedIn, de las webs de las propias empresas, de nuestra base de datos... Eso cuando vaya para empresas. Puede parecer un trabajo tedioso, pero para vender servicios yo empezaría con una prueba sin demasiados envíos y de esta forma puedes conseguir las direcciones sin tener que «molestar». Otra forma que sé de empresas que la utilizan es llamando por teléfono, contando por encima lo que les van a mandar y pidiendo directamente la dirección. A no ser que sean envíos masivos (por encima de cien o así), me gusta hacer un trabajo «artesanal». En una empresa de marketing me contaron que pusieron a una persona a bucear por LinkedIn, webs, directorios y demás durante tres días, exclusivamente para eso, y sacaron más de ciento veinte direcciones cualificadas de potenciales clientes interesantes. De ahí salieron siete proyectos relativamente grandes que les dieron trabajo para los siguientes seis meses. Y todo con una campaña física. Y en tres días de búsqueda que subcontrataron para eso. Supongo que puede haber mejores formas, pero ésta es una de ellas.

Por supuesto, cuando escribas a alguien por email, por carta o por paloma mensajera, **tienes que ofrecer algo a cambio**. En los negocios existe una máxima que es real y es que vales lo que la gente está dispuesta a pagar por ti. Lo que no puede ser es escribir y decir «me encantaría tomar algo contigo» o «me encantaría poder charlar contigo y presentarte mi proyecto». No, así no funcionan las cosas.

Y te cuento un par de anécdotas que quizá te hagan reflexionar un poco sobre todo esto. La primera es que el año pasado estaba hablando con dos emprendedores de muy alto nivel. Dos tipos muy conocidos en España en el mundo del emprendimiento. Uno de ellos nos contó que le había llegado una carta de un copywriter con el sobre manchado y que era un desastre. Yo no decía nada, el otro se animó a comentar y decía que «vaya cutre». Los dos se vinieron arriba. Estuvieron unos veinte minutos hablando de la carta, del contenido, de lo que vendía, de cómo se lo había tratado de vender. Lo que ofrecía este copywriter no les interesaba, pero eso era por otras razones, no por la carta en sí, porque al margen de eso, lo más curioso es que se estaban burlando de un tipo (y estas dos personas son muy inteligentes, no eran dos haters con el cerebro en modo avión y el pene metido hacia dentro) que les había robado la atención y del que llevaban media hora hablando, de él y de su oferta. Así que al rato les dije:

—Joder, teniendo en cuenta que recibimos miles de impactos publicitarios al día, éste ha debido de ser bueno, no paráis de hablar de él. Y es más, si hubiera ofrecido algo de vuestro interés, lo habríais comprado.

Se rieron y me dieron la razón.

El tipo que les mandaba la carta era un alumno mío, un muy buen copywriter gallego que había utilizado algunos de los trucos que enseño habitualmente. Uno de esos recursos es mandar cartas físicas. Y por mucho que se «burlasen» de que el sobre parecía cutre, ahí estaban los dos, hablando de él. ¿Y qué es la publicidad sino darle a la gente algo de qué hablar?

Bien.

La segunda es que en el año 2020 o 2021, algo así (si te soy sincero, podría mirarlo, pero tampoco me parece importante), salí en la revista *Emprendedores*. He salido varias veces, pero esta primera vez que te digo fue de la siguiente forma... Vi un artículo donde salía gente con un perfil que podría ser parecido al mío. No exactamente, pero eran emprendedores de internet. ¿Qué hice? Miré quién firmaba el artículo. Era una chica que se llamaba Ana. Así que busqué en la revista si había más artículos de esta mujer que tuvieran un parecido con el primer artículo que vi. Y efectivamente, tenía varios en esa línea. Y de nuevo, ¿qué hice? Pues buscar a la periodista por redes sociales, concretamente la encontré en la que antes se llamaba Twitter y contacté con ella. Y le di un titular, le dije algo así como: «Gano 1.000 euros diarios escribiendo un email al día». Eso a la chica le llamó la atención y empezamos a hablar. Entonces yo ganaba alrededor de 400.000 al año, en realidad eran más de 1.000 al día, pero sonaba mejor así, más redondo. Le di el titular, le di la noticia, la hice interesarse por mi negocio y finalmente salí en *Emprendedores*. No una vez, salí varias veces. Así que busca la fuente, la forma de contactar y dale algo de su interés. Mi enfoque en este caso, aunque fuera hablando de mí, era de su interés por lo chocante y raro de la noticia. ¿Un tío que gana 1.000 euros diarios escribiendo un correo? ¿Cómo es eso? En tu caso, puede ser cualquier otra cosa, algo que llame la atención. Pero lo que quería mostrarte aquí es simplemente el camino. Y es el más fácil. Quién escribe, localizarle, escribirle. ¿Cómo escribirle? Como estamos viendo a lo largo de este libro.

Por cierto, al margen de salir en pódcasts, que ya hemos visto las enormes ventajas que tiene, algo que hice muchas veces y que va muy bien para aumentar tu lista es lo siguiente:

Puedes mandar a tus contactos, los que sea que tengas, un email y les dices que si alguien tiene una lista de más de dos mil suscriptores, por ejemplo, te escriba. Te sorprenderá la cantidad de gente que la tiene. Con suerte te escribirán algunas personas y lo que debes hacer es proponerles una breve asesoría de un par de horas contigo a cambio de que te nombren en su lista con un enlace directo a la tuya. Hablando de lo que les aportaste y ya está. Todo natural, legal y donde ganáis las dos partes. Ellos reciben un servicio tuyo gratis, tú cobras en suscriptores. Así puedes crecer rápido y con una lista de calidad. Y te aseguro que es mejor pago que el dinero, si luego aplicas bien el email marketing y el poder de las 300 palabras. Esto es algo que en mis comienzos hice alguna vez y funciona grande.

En todo caso, el mejor *netwoking* es tener cojones. El no quedarte sentado esperando, el no pensar que vendrán a por ti. Ni hacer la pelota ni pasarse la vida estudiando. Estudiar, aprender, es imprescindible, pero sin los cojones para aplicarlo y salir ahí fuera a mostrarlo, no te servirá de nada. El mundo está lleno de teóricos, que son, casualmente, los que más critican a los que hacen las cosas. Haz las cosas.

12

Si fuera el último día de mi vida

Si fuera el último día de mi vida y lo viviera solo, no sería muy diferente al primero. Porque siempre pensé que no hay que vivir cada día como si fuera el último, más bien, hay que vivir cada día como si fuera el primero. Siempre, cada día, es el primer día, y así lo vivo.

Me levantaría pensando en algo ilusionante que hacer. Pasé muchas épocas de mi vida en las que, como no tenía nada ilusionante que hacer excepto ir a algún trabajo donde me sentía enterrado, entonces, cuando tenía un trabajo así, lo ilusionante lo soñaba. Me imaginaba ese millón de cosas grandiosas que me esperaban. Hoy, si fuera el último día de mi vida y lo viviera solo, me levantaría ilusionado de verdad, como cada día desde hace años, desde que escribir me dio la recompensa de la travesía. Entonces, esa ilusión pensando en el día, sería mi primer pensamiento. Esas ganas de vivirlo, con lo que tuviera que venir, incluso, el final al final del día. Y me prepararía un café descafeinado solo, caliente y posaría las manos en su taza para sentir el calor en la palma de las manos. Me acercaría la taza a la nariz y daría las gracias a los dioses por ser tan afortunado. Por haber sido siempre, tan afortunado. Por haberme regalado cada día y por haberme puesto en tantos aprietos. Y daría mi primer paseo, una hora, lo primero de todo, andar una hora por la naturaleza. Ahí pensaría en mi día o, quién sabe, podría pensar en cualquier otra cosa, son pensamientos ligeros, son una relación asentada donde sigue la ilusión calmada por las cosas.

Volvería a mi habitación y, como cada día, escribiría, no conozco otra forma de agradecer la vida que escribirla. Entonces, escribiría un par de horas, mis libros, mis relatos, mis 300 palabras del día, mis páginas de venta, lo que sea, pero que sea escrito. Después, en mi último día y si lo viviera solo, me iría al gimnasio. De chaval me apunté a un gimnasio, enseguida me puse muy fuerte, era muy burro. En mi vida apenas hice deporte, pero de vez en cuando me peleé en artes marciales y fui al gimnasio. Por supuesto, no toqué una bicicleta estática, ni una cinta de esas que corren ni una máquina elíptica, eso habría desplomado mis niveles de testosterona. Si voy al gimnasio es para levantar hierro y si quiero andar me voy a la montaña o la playa o la ciudad o lo que toque, pero jamás a una máquina donde tenga que darle a un botón. Y, lógicamente, en mi último día, en el gimnasio, levantaría hierro. Haría pecho, aunque lo hubiese entrenado el día anterior, si es mi último día y lo paso solo, haría pecho, es lo que más me gusta hacer en el gimnasio. De unos años a esta parte, me he apuntado al gimnasio y sí, persigo un gran físico. Algunos dirán que es una frivolidad, pero si éste es mi último día y lo voy a pasar solo, deja que sea sincero contigo: eso que dicen es una idiotez. Por supuesto, si quisiera un gran cuerpo para subirlo a redes, para retocar fotos, para cambiar de fotos en los perfiles de redes que no tengo, podría entender lo que dices. De igual forma que la gente más joven o con menor autoestima debe tener cuidado de las mentiras que ve por ahí de gente necesitada de atención. Soy de los que piensan que quizá la gente guapa sube fotos de sus caras y la gente poco agraciada sube fotos de sus cuerpos, pero lo que tengo claro, es que la gente que merece la pena no sube nada de eso.

¿Una mujer enseñando el culo en Instagram?

—No me interesa.

—Mira, su culo es increíble.

—No me interesa.

—Eres un retrógrado y un antiguo.

—Lo que tú digas.

Entonces, si fuera mi último día y lo viviera solo, iría al gimnasio porque me hace sentir extraordinariamente bien y porque tener un buen cuerpo es el mayor símbolo de estatus. Yo he ganado y gano más dinero del que jamás soñé que fuera posible. Puedo irme al país que quiera, vivir en la mejor zona en una casa espectacular, puedo comprarme un coche de medio millón de euros o un reloj del mismo precio. También puedo pegarme las mejores vacaciones que sueñe, viajar en avión privado y cenar en los mejores restaurantes, todo eso ya puedo hacerlo, y muchas de esas cosas las hago y las disfruto, pero lo que nunca podré comprar es un cuerpo. No lo podré comprar ni por un millón de euros.

—¿Me das un cuerpo con un gran pecho de barril, buenos brazos de acero a estrenar, bajo porcentaje de grasa y con pinta de leñador empotrador para mañana? Estoy dispuesto a pagar un millón de euros.

No puedes. No lo puedes comprar, tampoco lo puedes robar, ni alquilar. Sólo hay un camino: trabajo, disciplina, autocontrol. Por eso, de un tiempo a esta parte, me fascina trabajar mi físico. Porque no lo puedo comprar. Es una gran forma de humildad, ni la persona más millonaria del mundo puede comprarse un gran cuerpo. Sí, puede hacerse operaciones, lo que tú quieras, pero tener un gran cuerpo trabajado por ti, sólo lo puedes tener si trabajas duro. Por eso, para mí, es un símbolo de estatus y de respeto a uno mismo. No a los demás, los demás pueden pensar lo que quieran y desde luego no quiero mi cuerpo para subirlo a las redes sociales, lo quiero para mí, para ver cada mañana el resultado de mi esfuerzo. Ganar dinero está muy bien y no es fácil, tiene enorme mérito y hay que trabajar duro, pero una vez lo tienes, tienes que pensar en todas esas cosas que no puede comprar el dinero y cultivarlas y trabajarlas. Así que en mi último día de vida y si lo viviera solo, por supuesto, iría al gimnasio. Después, una ducha bien fría, como siempre. Comería y volvería a escribir un rato. En total, pasaría dos o tres horas delante del ordenador, no más. Y no por ser mi último día, es que todos los días los diseño para no trabajar más de dos o tres horas, como mucho. Aunque también es verdad que trabajo todo el día y no trabajo nunca. ¿Me entiendes? Cada cosa que veo, cada cosa que disfruto, cada experiencia, buena o mala, la aprovecho para vivir y vender, que ya sabemos que es lo mismo.

Luego saldría a pasear a la montaña. Da igual si se hace de noche pronto o si llueve, es más, si llueve, mejor. Dos, tres horas. Andaría en mis cosas y andaría sobre mis pies. Y hablaría con mi niño y le contaría cómo va todo. Le contaría que éste es mi último día y que si me porté bien, si está orgulloso de lo que hice con mi vida, él que tanto me conoce. Creo que me diría que sí, pero tendría que preguntarle. Si fuera mi último día y si lo viviera solo, cenaría algo ligero. Durante muchos años de mi vida, comía una vez al día, todo bien, pero últimamente como dos veces y me tomo algún batido de proteínas también. Más tarde, pillaría un libro, ninguno de los míos, por supuesto, tal vez alguna novela de misterio, al fin y al cabo, es mi último día y lo que venga detrás lo espero con ganas y con misterio. Y antes de irme a dormir, haría una excepción y por ser mi último día, te escribiría este mensaje, a ti, por si te sirve:

Si estuvieras escribiendo tus 300 palabras, esas que pueden cerrar la venta que cambiará tu negocio y con ello tu vida, *parasiempre*, o si estuvieras escribiendo tus 300 palabras para recuperar a la persona que te ama y que amas, no debes preocuparte, en ningún caso, de los colores del email, de verdad, olvida eso. Tampoco de poner los logos de tus redes sociales, eso no tiene sentido. Por supuesto, no tienes que poner tu logo ni una firma impostada para darte importancia, eso no lo hagas. Si estuvieras escribiendo tus 300 palabras y te quedara un último minuto, si sólo tuvieras un minuto para hacerlo y si no lo haces, esa oportunidad jamás volviera, si la situación fuera tan desesperada, ¿sabes lo único que de verdad te debería preocupar? Que no falte, nunca, una llamada a la acción. Eso es lo que jamás debería faltar. Nunca, en tu email de tu último minuto. Dan igual los colores, los logos, las plantillas, lo que debes incluir sí o sí es un enlace para vender lo que sea que vendas, o pedir la acción que quieras que tomen, pero debes llamar a la acción, porque si no lo haces, no habrá reacción ni tendrás resultados. Eso es lo verdaderamente importante dentro de un email, lo que jamás debe faltar, una llamada a la acción. Y te lo digo, ya que es mi último día y lo estoy viviendo solo, porque he visto tantas veces buenos emails que no la incluyen y que se pierden por eso... Así que recuerda, recuerda siempre esto que te estoy diciendo, pueden faltar unas cosas o pueden faltar otras, pero un email, tus 300 palabras, debe tener una acción para provocar una reacción. Y si esto no lo entiendes, no has entendido nada en tu último día.

P. D.: Por cierto, un buen email, siempre tiene una buena posdata. Puede ser una o dos o más. Hay dos razones por las que me gustan. La primera es porque le dan un toque personal, más alejado del marketing y más cerca del envío personal. Y la segunda razón, es porque todo el mundo lee la posdata. Aprovecha para poner alguna llamada a la acción o para comentar algo relevante ahí. Es como cerrar el círculo, algo que capte su interés en la primera línea, algo con lo que cerrar.

Epílogo

Los esclavos y la esclava mujer sueño

Yo lo hago desde el año 2017, cada día, sin excepción. Todo lo que he construido en mi negocio ha sido gracias a 300 palabras diarias. Algo que me lleva unos diez minutos escribir. Al principio me llevaba una hora, incluso más. ¿Y sabes qué? Que si ahora me llevara ese tiempo, seguiría siendo el tiempo mejor aprovechado del día. ¿Sabes lo que es la posibilidad de vender simultáneamente a miles de personas? El email marketing y la fuerza de la repetición, mandar cada día tu mensaje, es la herramienta de persuasión más poderosa de la historia de la humanidad. Además, ahora tienes acceso a miles de personas con un solo correo. Si lo sabes mandar bien, podrás lograr cosas que antes eran imposibles o que ahora te lo parecen. Y mucha gente te llamará pesado y muchos otros dirán que no sirve de nada, esa gente, esa misma gente que nunca lo intentó, la gente que no avanza y que no quiere ver a los demás avanzar, porque se retratarían. Por eso es tan sencillo criticar el éxito de los demás, en el fondo, es sólo una muestra de debilidad y cobardía. No dejes que los débiles y los cobardes marquen tu camino. Con ética del trabajo y con esfuerzo, todo llega, hasta los sueños que no soñaste, llegan. Y cuántas veces escuché eso de «mantén los pies en el suelo» y nunca lo entendí. Lo más bonito de la vida es perseguir sueños. Uno tras otro y tras otro. Vivir sueños, luchar sueños, mujer sueño. Y crear ese mundo tuyo y llevar tu mundo y tu habilidad y tus conocimientos a los demás. Y cuando sientes que duele tanto que no eres capaz de mirar ni a los lados, por si te mata, tienes que seguir buscando algún sueño, eso que te dijeron que era imposible o ese que todavía no conoces. Y cuando estás tan desesperado como el abandono, es cuando mejor te debes hablar. Es cuando mejor te debes tratar. Es cuando debes ser comprensivo. Esos pasos del pasado, alguna vez por la calle, llorando, y si alguien te hubiese parado no sabrías qué haberle contestado, simplemente, habrías pensado «estoy roto». Yo sé lo que es estar roto. ¿Tú no? No me hace diferente, no me hace mejor, tampoco me hace peor, no me hace nada, porque estar roto es la nada. Y llegas a tu casa y detrás de esa puerta se cierra un golpe seco que atraviesa el pecho para recordarte que eres un fracasado. Paseas por el pasillo sintiendo que nada es tuyo, ni esa casa, ni esa vida, ni esos pasos. Con el zócalo del suelo desgastado como tu esperanza y el marco de la ventana sellado como tus ilusiones. Y no sabes dónde escapar, porque vayas donde vayas, tienes que ir tú, que es de quien quieres huir. Pero sólo hay una forma de huir y es queriéndote con mucha más fuerza. Es la única forma. Si alguna vez te ataca un perro peligroso, si alguna vez te alcanza con el mordisco, jamás debes tirar, jamás debes huir, te dejarás la carne entre sus colmillos, lo único que debes hacer es abrazarte fuerte al perro. Evitará males mayores. Agárrate con fuerza a ti mismo cuando quieras huir porque no hay ningún lugar al que puedas huir. Y cuando paseo solo por las montañas y hablo con mi niño, siempre le pregunto cómo lo ve. ¿Estás bien? ¿Te falta algo? ¿Me estoy portando bien? Debo cuidar de él, es mi obligación. Él fue el que me calmó en los malos momentos, en los momentos de decepción y rabia, en los momentos en los que dejas de admirar eso que tanto admirabas y deseabas. Y en una de nuestras últimas conversaciones le decía que ser adulto estaba mucho mejor que ser niño, que nunca le abandonaría, pero que nunca querría volver a atrás. Se puso muy contento, porque él siempre quiso ser mayor. Siempre quiso ser escritor, o un músico famoso. Y de niño, eso sólo lo podía soñar. Quería ser escritor y contar lo que le pasara y contar lo que viera y contar lo que sintiera. Eso es lo que quería. Y en ese paseo por la montaña me contó que buscó la forma de hacerlo. Que encontró un camino, encontró una puerta y la atravesó al verla cerrada. Ese niño siempre apretó los puños muy fuerte y se sintió capaz. Y me dice que me da las gracias, cada día, me da las gracias por haber buscado el camino junto a él, por no haberle decepcionado ni abandonado. Por no haberme vendido ni rendido. Y es gracioso que me dé él las gracias a mí, adulto, cuando todo se lo debo a él. Por cómo lo sintió, cómo lo imaginó y cómo lo deseó. Fue todo gracias a él. Yo, adulto, vivo para no decepcionarle. Procurando no hacer daño a nadie, no robando jamás, trabajando duro y no dejando que nadie me diga que no puedo hacer algo. Y de eso hablamos en nuestros paseos por las montañas. Todo el rato nos estamos hablando el uno al otro, nos conocemos mucho, nos queremos, supongo que es lo normal. Todo queda entre nosotros. Porque cuando paseo por las montañas y nadie nos escucha, nos lo contamos todo.

¿Te acuerdas cuando soñabas con escribir y que la gente te dijera que les hacías sentir cosas? Claro que me acuerdo, soñaba con eso cada día cuando era pequeño. Y por eso, sólo cumplía tus sueños. Yo ahora, de adulto, sólo pienso en follar y en ir al gimnasio, soy un capullo superficial, pero tú estás ahí, pequeño, recordándome que había dolor, había miedo, que estabas perdido, que no parecías encajar en ningún sitio, que todos te daban por desahuciado, entonces, como estás ahí, de vez en cuando te alimento, a escondidas, para que nadie te moleste. Que nadie sepa que estás ahí, que a ti te pueden hacer daño. Pero puedes estar tranquilo, nadie lo hará nunca más.

Y en esos paseos, también traigo a mi niño a mi mundo, a mi trabajo. Para que conozca bien cómo lo hago, para que aprenda cosas nuevas y me dé su visto bueno. Entonces le explico lo siguiente:

No invierto nada en publicidad. Debo lograr todo escribiendo. Escribiendo cada día. Da igual que otros se hagan gigantes o pequeños, yo soy yo y escribiré cada día y de ahí vendrá todo lo que tenga que venir. Y si algún día hago una gran campaña de publicidad, jamás será una vulgaridad en Instagram.

—¿Te parece bien? —le pregunto a mi pequeño.

Y me dice que sí, que le encanta eso. Que solos con nuestras 300 palabras al infinito.

Me río, es un niño, pero me cae bien, me cae muy bien. Con nuestras 300 palabras al infinito.

También le digo que nada de utilizar las redes sociales, que las redes sociales son un coñazo, es todo demasiado falso. Me resultan insoportables, que los atraeré a mi web por el boca a boca y por la energía de mi trabajo.

—¿Esto te parece bien?

Me dice que le encanta, que él también odia las redes sociales, ya de pequeño odiaba las aglomeraciones y la gente bailando en las fiestas de los pueblos y haciendo cola para un plato de comida en una romería y todas esas cosas que hace alguna gente. Las redes sociales son la parte digital más estúpida del ser humano.

Lo último que le digo es que nada de pagar afiliados. Que quiero que todas las recomendaciones sean sinceras, porque realmente a la gente le apetezca hablar bien de mí y no porque les pague. Y que yo jamás cobraré nada por hablar bien de alguien. Lo haré porque quiera. Le advierto, antes de preguntarle si le parece bien, que podría ganar mucho dinero con la afiliación.

Me dice que ni se me ocurra, que nada de afiliación. Que todo debe ser natural o no ser, pues ésta es la fuerza y el valor de mi marca.

Y cuando le digo a mi pequeño que hemos pasado de descargar camiones a viajar en avión privado, escribiendo 300 palabras..., nos da un ataque de risa. La vida es un juego. Con nuestras 300 palabras al infinito.

Entonces, mi niño se me queda mirando serio y me pregunta que si yo desaconsejo invertir en publicidad.

—No, nada más lejos, yo enseño a hacer publicidad.

Y me pregunta si yo digo que las redes sociales sean malas para todos los negocios.

—No, no digo eso, yo las desprecio, como tú, pero puede que a otro le funcionen, así que ellos verán, aunque deberían recordar que las redes sociales son el negocio de las redes sociales, y que deberían alimentar su negocio, su lista, su marca. Si tu negocio depende de las redes sociales, eres un esclavo. Esclavo de las redes sociales y esclavo de la atención, por mucho que muchos de ellos quieran negarlo, precisamente, en redes sociales.

Y claro, la última pregunta inevitable es si yo digo que no se utilice la afiliación.

—No, para nada, si te encaja, adelante, yo no tengo nada en contra. No juzgo a la gente por utilizar la afiliación, en absoluto, es un modelo de negocio legítimo, pero no es el mío. El nuestro, perdón.

Nos reímos.

Finalmente, me pregunta que por qué yo no utilizo nada de estas cosas.

—Muy sencillo, porque somos copywriters y quería demostrar con mi profesión que es posible hacerse millonario sólo a base de escribir. Ésa es mi autoridad, esto es algo que yo quería demostrar. Si yo, sólo escribiendo, he logrado todo esto, sin atajos, sin contactos, sin pagar a nadie, sin redes sociales, entonces, algo le podré aportar al mundo, ¿no? Es de lógica, es un relato de marca aplastante. Por eso, todo lo que hemos logrado ha sido escribiendo 300 palabras al día y por eso escribiré un libro que se llame 300 palabras, donde contaré todo lo que hago para escribirlas. Un día me puse a escribir y unos años después, gané más dinero del que nunca podré gastar. Y todo se logró haciendo, paso a paso, lo que la gente podrá leer en 300 palabras.

Una vez explicadas todas estas dudas a mi pequeño, me hago yo mismo esta pregunta:

¿Y quiénes son los esclavos?

Esclavos hay muchos. Y muchos de ellos hablan de libertad. Esclavos hay tantos y de tantas formas, que podría dar para cien libros. Hay esclavos que odian su trabajo y empresarios millonarios esclavos porque tienen cien empleados. Hay muchos tipos de esclavos, el mundo está inundado de esclavos.

Yo ahora te voy a hablar de los esclavos de sus negocios.

Los esclavos que no escriben sus 300 palabras diarias y dependen de las redes sociales. Por millonario que sea el tipo que esté hablando en una red social de todo lo que tiene, si todo su negocio está ahí porque ahí tiene un millón de seguidores, es un esclavo de las redes sociales. Las redes podrían cerrar, podrían cancelarle, podrían evitar que tuviera contacto con sus seguidores o podrían destruir todo el trabajo documentado en ellas durante años. Para esa empresa gigante, la cuenta de un *influencer* de un millón o de dos es una gota en el océano. No son nada. Nunca serás verdaderamente libre si dependes de las redes sociales para ganar dinero. Nunca. Sólo si tienes los datos, tu propia base de datos, los correos de la gente y los acostumbras a recibir tus emails, a recibir tu correspondencia sin intermediarios, entonces tendrás un negocio antifrágil. Esto de tener un negocio antifrágil significa la menor dependencia posible de terceros ya sea de redes sociales o el precio de la publicidad. Si tú te creas tu propia base de datos, tu negocio será mucho más fuerte, mucho menos dependiente, mucho más antifrágil. Este concepto, antifrágil, lo saqué del libro de Nassim Taleb con el mismo título. En este libro has visto no sólo cómo escribir de forma persuasiva tus 300 palabras, has visto que si lo haces, serás verdaderamente libre. Ya sea para utilizarlo a diario o para utilizarlo cuando estimes, pero con la mayor riqueza de todas: la libertad. La libertad es poderosa porque es escasa.

Y no seas adicto de la atención en redes sociales. Porque si algún día dejas de recibir esa atención, te vendrás abajo, no sólo tu negocio, tú. No seas adicto a la atención.

Un día andaba por un centro comercial, me pararon dos personas diferentes a saludarme, hacerse una foto, agradecerme lo que les ayudé en sus negocios y sus vidas, es agradable, no soy un famoso que no pueda dar un paso, ni mucho menos, pero descubrí, esa tarde, que la fama no me gusta, que no quiero la fama, que si dejara de mandar emails y me fuera con mis cosas a una isla lejana, donde cuidar mi cuerpo y mis relaciones y pudiera escribir, sería igual de feliz. Aquello me hizo sentir muy poderoso. Me sentí libre. No sólo no dependía económicamente de ninguna red social ni de nadie, es que si algún día esta atención que recibo, esta cantidad inmensa de halagos y de mensajes, si mañana parasen, me daría igual. Iría al gimnasio, andaría por el mar o la montaña, me cuidaría, escribiría, pero no echaría nada en falta eso. Creo que el problema que tiene mucha gente que está en redes con millones de seguidores no es que su negocio dependa de algo que ellos no pueden controlar, es que su vida gira en torno a algo que, si se lo quitan, a la mayoría los haría infelices. Dicen que la fama es adictiva y que la gente que la pierde, sufre mucho por ello. Por eso me sentí muy afortunado de que no me gustara, nada, la fama. Me dio poder. No me molesta que me paren por la calle, pero soy más feliz si no lo hacen. Eso me pareció maravilloso. Desarróllate en eso. No alimentes tu ego con la atención de los demás, no te valides con la atención de los demás. Y si alguien está en redes sociales todo el día contando su vida, diciendo que no te valides con la atención de los demás y que operes desde el amor y no desde el ego, no sabe lo que dice o te está tomando el pelo. No pasa nada, sólo digo que no es buena idea mentirse a uno mismo. Alguien que se pasa el día entero contando su vida a los demás, tiene una debilidad, porque no es libre. Son esclavos de las redes sociales y de la atención y si no lo saben, deberían saberlo. Esto es lo que pasa ahí fuera. Por eso, sueño con la mujer sueño y nada nos importa porque ella quiere ser esclava. Mi esclava. Los esclavos de redes sociales no saben que lo son y no quieren serlo, pero tú, mujer sueño, sí sabes que lo eres y sí quieres serlo, por eso, esclava, eres libre.

Y eres el aire cálido del verano de la infancia rodeado de sueños, eres el amanecer del día más esperado del mundo, eres ese momento en el que todo sale bien, el instante inmortal en el que piensas: «Congelaré este segundo en fuego, *parasiempre*». Ésa eres tú.

Entonces, ¿qué?

¿Empezamos?

Empezamos.

Con nuestras 300 palabras al infinito.